고대 그리스 서정시선

서정시는 어떻게 쓰여지는가?

옮긴이 **오자성**

서울대학교 제어계측공학과 졸업
<서울대학교 대학문학상> 당선
현대시 <신인추천작품상> 당선
시집 <바이올린처럼 긴 그대 얼굴은>, <부처-되기, 신-되기>
번역 시집 <에게 해의 사랑 – 고대 그리스 사포 시 전집> 등이 있음.
현재, 시 창작과 철학 공부에 전념하고 있음.
이메일 : mobileoh@empas.com

고대 그리스 서정시선
―서정시는 어떻게 쓰여지는가?

초판 1쇄 인쇄―2011년 6월 20일
초판 1쇄 발행―2011년 6월 25일

지은이 아르킬로코스 외
옮긴이 오자성
펴낸이 남궁성미
펴낸곳 청개구리 아카데미(주)
등 록 2009년 6월 3일 제119-86-17319호

주소 서울시 관악구 봉천동 875-7, 하바드 오피스텔 902호, (우)150-050
전화 02-887-5690
팩스 02-6442-5692

ISBN 978-89-962792-1-1 03890

*이 책의 무단 전재와 복제를 금합니다.

고대 그리스 서정시선

– 서정시는 어떻게 쓰여지는가? –

아르킬로코스 외 지음/오자성 옮김

청개구리 아카데미

□ 고대 그리스 서정시선/차 례

◉ 해설 : 고대 그리스 서정시의 발생 ·· 9

아르킬로코스(Archilochos) ··· 27
일식/섭리/중용/죽음 이후/지나간 청춘/사람의 본성/시선/나의 운명/나의 관심/바다에서 실종된 친구들/태풍/익사자/난파/귀향/소녀/사랑 1/사랑 2/성기/성급한 사랑/창부 1/창부 2/남성의 기관/선물/사랑의 방식/여자 친구의 아버지에게/배반/배신/타소스 1/타소스 2/타소스 3/파로스/주신(酒神) 찬가/만취/탄원/여우와 독수리/꾀/악행자/중상모략/저주/투창/방패/장군과 병사/전사/전쟁의 신/싸움/살해/기념비/좀도둑

티르타이오스(Tyrtaios) ··· 45
전투와 명예/명예로운 일/최전선/스파르타

세모니데스(Semonides) ··· 51
인생/인생의 덧없음에 대하여/삶과 죽음/죽음 이후/먹이/딱정벌레/잘못된 생각/불행한 만남/결혼/평가/여자의 기질

밈네르모스(Mimnermos) ·· 61
늙음/무상/되돌릴 수 없는 인생/세월/헬리오스/육십/정직/구설수

알크만(Alkman) ··· 67
뮤즈에게/재능/나의 시/처녀합창단을 위한 노래/사랑/동경/희망 사항/어지러운 사랑/교훈/나는 늙었노라/여행/친구/휴식/이슬/조용한 바다/여제사장의 재주/사계절/메뉴/알크만의 식성

알카이오스(Alkaios) ··· 79
바다 위의 국가 1/바다 위의 국가 2/추방지에서 1/추방지에서 2/친구의 배신/천한 피타코스/지진/누가 우리의 적인가/소식/미르질로스의 죽음/무장/도시와 성벽/미숙한 정치 행위/너무 늦기 전에/동생의 귀가/돈/개자리별/야생 오리/헤브로스 강/가난/헤폰 여자/친구 멜라니포스에게/치료약/창문

/취기/삼인일조/순번/소년 노예/권주/술과 노래와 항해/구조/헬레네와 테티스/심판/아폴론 찬가

사포(Sappho) ·· 101
마비/조우/아프로디테의 송가/에로스/사랑의 폭풍/아티스에게/떠나는 아티스에게/질투/사르디스의 아나크토리아는 너를 사랑하고 있어/아나크토리아를 위한 노래/아프로디테의 사원에서/경쟁/처녀/신방을 위한 노래/신방의 문지기/이별/세월/마지막 찬사/신의 아들

솔론(Solon) ·· 117
지도자를 선출할 때/변호/비난/독재의 징조/포코스에게/합의/7년 단위로 본 인생/부와 죽음/부와 미덕/행복의 조건/시인/인간/행복한 사람/청춘/지혜/뮤즈에의 기도/죽음/준법

포킬리데스(Phokylides) ·· 129
지도자/나쁜 사람들/묘약/아내를 고르는 어려움/현자의 외출

스테시코로스(Stesichoros) ··· 133
왕의 형벌/축하/일리아드/헬레네의 행적/클리템네스트라의 꿈/죽은 후에/통곡/노래의 계절/일/뮤즈에게

이비코스(Ibykos) ·· 139
늙은 경주마처럼/사랑의 계절/여자의 본성/에우리알로스/헤라클레스/죽음/바다의 수난/아침/심사숙고/명예/소신

히포낙스(Hipponax) ··· 145
헤르메스에의 기도/눈먼 재물/치욕/희생 염소처럼 1/희생 염소처럼 2/치료약/호식가/마음 약한 도둑/배뚱뚱이에게/엿 먹어!/먹을 복도 없지/악당 부팔로스/부팔로스의 여자/불행의 표지/카리브디스/자매/새/행복한 이틀

아나크레온(Anakreon) ·· 155
늙은 구애자/늙음/처녀/찬 바람/세레나데/미소년/설득/대장장이처럼/허벅지/우유부단한 사랑/클레오불로스/디오니소스에게/신방 풍경/주사위/어린 사슴/당위/사랑의 준비/투신 1/투신 2/매춘부의 정의/매춘부의 기술/매춘부의 돌진/술친구/주법 1/주법 2/망설임/성품/손님/12월/용사 아가톤/노예 아르테몬의 운명/슬픔/중장비 보병/전사한 아리스토클리데스/아르테미스

크세노파네스(Xenophanes) ·· 171

신들의 초상/향연의 주제/물과 바람/무지개의 근원/만물/나의 인생/지식/
불가지론자/근본 원리

시모니데스(Simonides) ·· 177
테르모필레의 전사자들 1/테르모필레의 전사자들 2/마라톤에서의 승리/
살라미스의 전사자들/이스트모스에서 싸운 아테네 영웅들/물가의 묘비/
에우리메돈에서 죽은 그리스 인들/메기스티아스/법/명예/사회 교육/좋은
사람/변화/미덕/인간의 운명/반신/클레오불로스에게/유한한 인간/우박/증
인/건강/시간 1/시간 2/성취/파산/권투 선수 클라우코스/물총새의 날들/사
로잡힌 사랑/오르페우스/처녀 고르고/다나에와 페르세우스

테오그니스(Theognis) ·· 191
테오그니스는 시인이다/국가의 운명 1/국가의 운명 2/국가의 운명 3/시민
의 변화/추방/방랑자/우생학/미래의 결과/가난 1/가난 2/고귀한 삶/전화위
복/타락/중용/최후의 날/차선책/최고의 것들/심사숙고/최선의 삶/유연성/
신뢰/교우/선별/진짜와 가짜/진정한 친구 1/진정한 친구 2/겸손/유산/인심
1/인심 2/우정/속임수/좋은 아내/사랑/젊은 날/키르노스에 대한 불평/아폴
론 찬가

핀다로스(Pindaros) ·· 209
올림픽 송가 3/올림픽 송가 11/올림픽 송가 12/피티아 송가 10/아테네/스파
르타/전쟁/일치/엘리시움에서의 부활/일식

바킬리데스(Bacchylides) ·· 223
송가 3/테세우스/이다스와 마르페사/헤라클레스/평화/서풍

프락실라(Praxilla) ··· 237
외관/교우/감각적 세계/겁쟁이

플라톤(Platon) ·· 241
헤스페로스/사랑의 눈맞춤/사과/아카데미로부터의 교훈/소크라테스가 그
의 연인에게/사랑하는 알렉시스/소크라테스가 아르케나사에게/창부 레이
스/시간 1/시간 2/평등/소나무 숲/판/메디아에 정착함

- ● 옮긴이 후기 ··· 247
- ● 참고 텍스트 ··· 253

□ 해 설

고대 그리스 서정시의 발생

오자성

질문 속으로

현대인에게는 익숙한 서정시 양식이 왜 고대 그리스에서 가장 먼저 발생하게 되었을까? 서정시가 발생하게 된 어떤 전제 조건이 고대 그리스에 있기 때문인가? 이에 대한 명확한 근거와 확증을 단정할 수는 없지만 우리는 그런 발생적 결과를 도출하게 된 몇 가지 조건에 대해 추론해 볼 수는 있겠다. 서정시는 개인의식의 산물이므로 개인의식의 발생 단초를 찾아 밝히면 되기 때문이다. 그렇다면 개인의식만 있다면 서정시가 저절로 발생하게 된다는 말인가? 물론 아니다. 그러나 개인의식은 다른 제반 조건들과의 소통과 영향을 종합해서 자신의 고유한 사유를 생성시키는 용광로 역할을 하는 것은 분명하다. 이런 점에서 볼 때 서정시는 고대 그리스인들이 그리스의 자연과 기후 환경 조건, 문화역사적 조건, 정치경제적 조건을 점진적 발전 단계 속에서 총체적으로 녹여 만들어 낸 개인적 양식이다.

고대 그리스 인이 인류에게 남긴 귀중한 유산은 서정시, 비극, 희극 등 문학뿐만 아니라 예술, 철학, 수학, 과학, 의학, 민주정치 등 여러 분야에 남아 아직 작동하고 있다. 그들이 각 분야에서 역사상 최초로 모험한 흔적과 과정은 인류 정신의 발전 과정을 간직한 역사물로서 파피루스 단편들에 보존되고 있다. 고대 그리스 인은 운명(인간), 세계, 신에 대해 진실로 물음을 던지고 해답을 모색하고 있었다. 그만큼 최초의 양식은 더 순수하고 활기차고 다양하고 실험적인 경지를 열어 놓을 수밖에 없었다. 시 또한 올림픽 경기처럼 공개 경연을 통해 치열하게 경쟁하며 발전하였다. 고대 그리스의 후계자인 로마 이후 근대와 현대의 많은 사상가나 문학가와 예술가들도 새로운 경지를 찾기 위해 고대 그리스 시대의 지층을 고고학자처럼 헤매었다. 아쉽게도 오늘날 고대 그리스 서정시는 단편적으로 남아 있다.[1] 고대 그리스 서정시를 읽으면서 얻을 수 있는 가치와 의미가 있다면 그것은 최초의 서정시인들이 세계에 대해 가졌던 원초적인 질문과 모험 정신일 것이다. 서정시란 무엇인가?

---

[1] Walter Marg, <*Griechische Lyrik*>, pp. 167-169, Reclam. "고대 그리스 서정시 대부분이 소실되어 아주 적은 부분만이 남아 있고, 온전한 시로 남은 경우는 드물어 파편으로 남아 있다는 사실이다. 헬레니즘 시대의 중심 도시였던 알렉산드리아의 문헌학자들과 시인들은 고대 그리스 서정시들을 채집하였으며 로마 시대에까지 전하였는데, 새로운 종교인 기독교에 의해 그 유희적 세속적 이신교적 내용이 단죄를 받아 신전과 조각 상들과 함께 파괴되고 말았다. 현재 전래되는 작품들은 그 중요성으로 말미암아 단편적으로 인용된 것들이라 후에 모음집에 채집되어 연명한 운이 좋은 것들, 그리고 습기에 약한 파피루스를 보존할 수 있었던 이집트의 모래더미 속에서 우연히 발견된 파편 조각들인 것이다. 고대 그리스 문명과 문화를 열렬히 찬미하고 그 계승자임을 자처하였던 로마 시대의 많은 시인들은 고대 그리스의 서정시에 대해 정통하고 모방하기를 즐겼는데, 이들의 평가에 의해 고대 그리스의 위대한 서정시인들이 주목받고 재조명되어 온 것이다. 비록 파편들이지만 그들의 위대성과 탁월성의 면모를 보여주기에 충분한 것이다."

기후, 여유 시간, 자유인

　인간의 생활양식에 큰 영향을 끼치는 기후는 그리스 지역에서는 인간에게 매우 호의적이고 협조적이었다. 여름은 덥고 건조하고 겨울은 짧고 온화하였으므로 1년 중 300일 이상 갠 날이어서 그리스 인은 야외 생활이 가능했고 개방적 성격을 가지게 되었다. 그리스는 바다로 둘러싸인 바위가 많고 거친 반도 지형으로서 전답과 목초지가 넓지 않아 풍족하지는 못했지만 1년 내내 곡물과 야채, 과일, 육류를 생산할 수 있었다.[2] 부족한 식량은 폴리스 간 또는 식민지와의 무역을 통해 해결하였다. 그래서 그들은 혹심한 추위와 모진 비바람을 막기 위한 주택과 난방 문제, 계절의 변화에 따라 바꿔 입을 의복 문제, 식량의 부족과 저장 문제 등에 대해 크게 걱정할 필요가 없었다.

　생활 유지에 필수적인 의식주 문제에서 벗어난 그리스 자유인은 많은 여가 시간을 가질 수 있었다. 그들은 실내에서 보내지 않고 주로 올리브숲속을 산책하거나 동료들과 대화하거나 체육관에 나가서 운동경기를 통해 힘과 기술을 겨루었다. 그리스 인은 좌식 생활을 낭비적인 미개한 관습으로 생각하고 식사와 취침 이외에는 대부분의 시간을 옥외에서 서서 활동하는 것을 더 좋아했다. 생활에 적합하고 건강에 좋은 건조하고 온화한 기후가 그들의 옥외 공동체 활동을 유도하고 촉진했을 것이다.

　사색과 상대방과의 대화 시간을 많이 갖게 된 그리스 인은 말이 가지는 심대한 의미와 중요성을 깨달은 최초의 민족이다. 그들은 인간을 말하는 동물로 이해하였으며 말이 사물과 세계를 파악하는

---

2) <대세계의 역사>, p. 214, 삼성출판사

열쇠임을 알고 있었다―빛, 정신, 이성, 논리, 이론을 의미하는 그리스어 로고스(Logos)는 '말'을 함의하고 있다. 이렇게 말의 의미와 중요성을 깨닫고 말하기를 즐긴 그들에게 대화의 상대자는 그와 마찬가지로 평등하게 인정되고 존중되어야 하는 것이 당연했다. 왜냐하면 모든 인간이 동등한 존엄성을 가진 자유롭고 인격적인 개체로 인정하는 것은 대화와 토론의 전제 조건인 까닭이다. 말하기를 즐기는 그리스 인은 정찬에는 거의 항상 손님들을 초대하여 희석한 포도주를 마시어 기분을 유쾌하게 자극시키며 대화와 노래를 즐겼으며 종종 직업적인 무희와 악사를 초청하였다. 식사는 반쯤 가로 누운 자세로 하였는데 그것이 소화에 도움이 되고 담소를 나누기에 편리하다고 믿었기 때문이다. 이렇게 말하기와 토론하기와 노래하기를 즐긴 그리스 민족이 말이 많은 정치 제도인 민주주의를 실현한 것은 어찌 보면 역사의 한 귀결로도 보인다. 서정시는 매우 민주적이고 주관적인 양식이기 때문이다. 독립적인 개인을 인정한다는 측면에서 민주정치와 서정시는 공통판 위에 서 있다. 서정시는 자유인에 의해 쓰여졌다.

사실 서정시의 언어는 그 자체가 정치적인 것이다. 서정시의 언어는 몸의 언어로서 동사이며 그 자체가 방향과 의미(sens) 선택인 정치인 것이다. 서정시인의 몸은 움직이지 않더라도 이미 정치적 선택 속에 있으며, 서정시인의 언어는 말하지 않을 때도 이미 말하고 있는 것이다. 시인에게는 침묵도 말이다. 시인은 시를 쓰지 않을 때도 시를 쓴다.

그리스 자유인에게 많은 여가 시간을 제공한 것은 우호적인 기후 조건뿐만 아니라 그들을 경제 생산 활동에서 풀어 준 노예제도도 큰 몫을 담당하였다. 노예는 전쟁포로, 사생아, 죄수, 재산이 없어

자진하여 노예가 된 외국인, 채무를 갚지 못한 자들로 구성되었다. 그들은 농업과 수공업 및 광업은 물론, 교육, 무역, 사무 등 경제 사회 활동의 전반을 담당하고 있었다. 노예시장에서 자유로이 매매 되었으며 주인의 소유물로 여겨졌다. 그리스의 법률은 노예를 '말하는 도구'로 규정하였으며 어떤 법률적 보호 장치도 마련하지 않았다.[3] 노예생활은 분명 거칠고 힘든 것이었으나 그리스의 노예주는 사막이나 광야 위에 선 전제국가의 노예주보다는 인간적인 배려를 기울였다. 그 이유는 노예들이 쉽사리 배를 타고 달아나 버리거나 사원으로 도피하여 새 주인을 찾아가는 것을—노예나 노예주가 이 사실을 잘 알고 있었다—막기 위한 것이었다. 자유인은 전체 인구의 10퍼센트 정도를 차지했는데, 그들은 생산 활동에서 벗어나 국방과 조세의 의무를 지니고 정치적 참여의 권리와 책임을 누렸다. 또한, 높은 문학과 예술의 감식력을 가지고 있었으며 그 창작을 장려하거나 직접 창작에 몰두하였다. 고대 그리스의 문학과 예술이 귀족 계급적 성격을 띠는 것은 이런 이유에서이다. 고대 그리스의 문학과 예술은 노예의 피와 땀이 뿌려진 대지에서 자란 것이다.

햇빛, 봄(Vision), 사유

고대 그리스 인은 자연의 경이로움과 아름다움에 완전히 매혹되었다. 고대 그리스의 신화와 문학, 예술, 철학은 '봄(vision)'으로부터 발생했다고까지 할 수 있다. 그리스 신화는 그런 자연의 숨은 힘(신, 원리)에 대한 그리스 인의 이해와 자연에 대한 인간의 지배 역사 과정을 담고 있다. 철학 역시 보이는 자연의 이면에 숨은 보이

---

[3] 소련과학아카데미, <세계의 역사 : 고대편>, p. 149, 형성사

지 않는 힘에 대한 탐구이다. 고대 그리스 인은 보는 것에 '왜?'라는 질문을 갖고 지속적으로 탐구해 나갔다.4)

고대 그리스 인의 봄에 대한 관심과 예민함은 '보다'라는 동사의 다양함만 보아도 알 수 있다. 즉, horan, idein, leussein, athrein, theasthai, theorein, skeptesthai, ossesthai, dendillein, derkes-thai, paptainein 등이 그 예이다.5) 그러면 무엇이 고대 그리스 인을 그토록 봄에 빠지게 만든 것일까?

에게 해의 맑고 깨끗한 햇빛은 그 아래의 모든 자연과 사물의 윤곽(형상)을 명료하게 드러나게 한다. 감청색의 바다, 흰 대리석 건축, 초록 포도밭과 올리브, 잘 자란 밀밭, 바위 언덕과 그 사이에 핀 진홍의 야생화들이 저마다 아름다운 색깔과 모습을 자랑하며 드러내고 있다. 대기의 청명함은 대단하여 근대 산업화가 진척되었음에도 불구하고 풍경과 건물들의 윤곽을 멀리서도 식별할 수 있다. 멜로스 섬은 100킬로미터 떨어진 수니온 곳에서도 보일 정도이다.6) 인간을 '보는 동물'로 규정한 고대 그리스 인은 뛰어난 심미안을 가지고 보이는 것, 감각적인 것, 실재하는 것에서 경이로움과 아름다움을 발견하였으며, 나아가 더 완벽하고 이상적인 미를 구현하고자 끊임없이 노력하였다. 신이 인간의 모습을 했다고 상상한 그리스 인은 인간의 육체의 아름다움을 이상화한 신상을 제작하였

---

4) M. I. 로스트프체프, <서양고대세계사>, 지동식 역, P. 71, 고려대학교출판부
5) 브루노 스넬, <서구적 사유의 그리스적 기원 : 정신의 발견>, 김재홍 역, p. 18-23, 까지. "예를 들어, derkesthai는 어떤 특정한 감정(향수 등)을 가지고 보는 것을 의미하고, paptainein은 두려움 때문에 또는 무엇을 찾으려고 주위를 돌아다보는 것을 의미하고, leussein은 특정한 대상을 볼 때 특정한 감정(기쁨 등)을 가지고 보는 것을 의미하고, theasthai는 입을 쩍 벌리고 본다는 것을 의미하고, theorein은 관찰하다, 구경하다의 의미를 지니고 있다."
6) JACT, <*The World of Athens*>, p. 64, Cambridge University Press

다.

따뜻하고 건조한 기후로 말미암아 그리스 인들의 복장은 개방적이고 단순 검소하였다. 그들은 많은 시간을 체육관에서 체조나 운동 경기를 즐기며 보냈다. 청결을 대단히 강조하여 공중목욕탕을 다녀오지 않은 날엔 잘 보낸 날이라고 여기지 않았다. 고대 그리스 인은 반라(半裸)의 생활이 일상화되어 있었으므로 쉽게 인체의 균형과 비례와 조화에서 지극한 아름다움을 발견할 수 있었다. 그들은 운동하고 있는 젊은이의 활력과 힘에 넘친 인체를 보고 이상적 미의 상징인 아폴로 신상을 만들었다. 그리스에는 분절시키고 조각하기 쉬운 대리석이 풍부해 신전과 신상이 많이 만들어졌다. 고령토도 풍부하므로 도자기 예술이 발달하였고, 그 도자기들에는 신상이나 운동하는 모습 등이 그려졌다.

그리스 인은 경이로움과 아름다움을 가져다주는 '봄'을 가능하게 하는 것이 햇빛임을 잘 알고 있었다. 그래서 햇빛에게 자연물 가운데 가장 높은 지위를 부여하였다. 그리스 최고의 신 제우스는 어원적으로 햇빛을 의미한다.[7] 그리스 인이 햇빛에 대한 높임은 그리스의 자연적 환경 조건뿐만 아니라 그리스 문명의 한 원류인 고대 이집트 문명에서 비롯한 것이라 추정된다. 고대 이집트인은 쇠똥구리가 태양과 비슷한 모양의 물체를 굴리며 돌아다닌다고 해서 그 곤충을 높은 지위로 격상시키기까지 했다.[8] 고대 이집트 사람들은 창조신인 태양(태양신 라Ra)이 이집트만 비추는 줄로 알았다. 그들의 피라미드, 스핑크스, 오벨리스크, 미라는 태양신에 일체화되어 영원불멸하려는 희망을 담고 있다. 이 태양신은 고대 그리스의 제우스 신,

---

[7] 부르노 스넬, 앞의 책, p. 94. "제우스는 훗날 기독교의 예수로 상속된다."
[8] 앤드류 파커, <눈의 탄생>, 오숙은 역, p. 124, 뿌리와 이파리

로고스의 기원이 되었다.9)

　기실 햇빛과 인간 사이의 관계는 오랜 생물 진화 과정으로부터 연관을 가지고 있다. 햇빛은 눈의 발생에 원인으로 작용하고,10) 눈은 사유 발생의 원인으로 작용하였다. 그리스 인에게 봄은 사물 인식과 지식의 획득을 뜻하였다. 봄은 사유와 동의어다. 그런 관념은 모든 사물들을 어둠에서 낳아 주고 분절시키는 신적 존재로서 햇빛을 자리매김하고, 사물의 머리마다 빛을 주는 정관사 la, le, the(os) 등을 붙여 언어(사유) 세계 속으로 들어와 자리 잡게 된 것으로 보인다.11) 고대 그리스어의 정관사는 추상적인 개념을 만드는 데 결정적인 역할을 한다. 정관사는 서구에서 철학적 사유와 과학적 사유를 하기 위한 한 중요한 바탕이 되었다.12) 햇빛의 이 분절적 기능은 사물과 사물을 개체로 나누어 각 사물의 색깔과 형상을 명료하고 아름답게 드러내주고 있다. 기술자(제작자)를 숭상했던 그리스 인은 대리석 조각과 도자기 예술에서도 개체의식의 발달을 촉진시켰을 것이다.

---

9) 이희수·이원삼, <이슬람>, p. 22-23, 청아출판사 ; 헤로도토스, <역사>, p. 145, 범우사. "고대 이집트 문명은 고대 그리스 문명에 단순한 형태나 양식에만 영향을 준 것이 아니라, 정신적인 면에서도 큰 영향을 주었다. 영혼과 육신의 부활을 기원하는 오시리스 신앙은 디오니소스 신화에 이입되어 훗날 기독교와 이슬람의 내세관에 영향을 주었다. 고대 그리스의 많은 신들은 고대 이집트 신들의 이름과 옷을 갈아입힌 것처럼 유사성이 있다. 사랑의 여신 하토르는 아프로디테가 되고, 처녀의 몸으로 잉태한 네이트 여신은 아테네 여신이 되었고 훗날 성모 마리아로 되살아난다. 고대 이집트의 신들은 그리스 신들처럼 사랑하고 질투하고 미혼모의 갈등에 빠지기도 하는 희로애락에 빠지는 인간적인 면을 지니고 있다.
10) 앤드류 파커, 앞의 책, p. 302. "5억4천4백만 년 전 캄브리아기 삼엽충들의 조상 속에서 광수용세포들의 판이 뚜렷해졌고, 5억4천3백만 년 경계선 바깥쪽에서 삼엽충이 자랑스레 눈을 부릅떴던 시기인 그 100만 년 사이에 눈이 탄생하였다. 생물체들에게 눈은 당시의 최신 유행이었다.
11) 이는 필자의 가설이다. 정관사는 사유 방향과 과정을 추적하는 매우 흥미로운 연구 주제가 될 것이다.
12) 부르노 스넬, 앞의 책, p. 342.

아고라(Agora), 바다, 세속화된 신

 그리스의 지형은 험준한 바위산과 바다로 분할되어 통일된 중앙집권적 전제국가의 출현에 불리하게 작용하였다. 고대 그리스 인은 거주가 가능한 해안 지역에 씨족 공동체를 이루며 살다가 점차 데메스(Demes)라 불리는 촌락 공동체를 형성하였다. 이것이 확대되어 도시국가인 폴리스(Polis)가 되었고, 땅과 재화가 부족해지자 멀리 바다 건너 식민지 개척을 나가게 된다. 그들은 해안 근처에 폴리스와 항구를 건설하고, 시내 중심에는 아크로폴리스(Acropolis)라 불리는 방어용 성과 아고라라는 시장을 구축하였다. 이렇게 해서 성립된 분권적 도시국가 폴리스는 시민의 자유정신과 개인주의와 자율정신의 온상지가 되었다. 또한, 육로 통행이 불편하였던 까닭에 일찍이 바다를 무대로 한 모험심과 호기심에 찬 항해와 무역 활동을 시작하여 자유로운 기질이 몸에 배게 되었을 것이다. 바다는 사방이 매끄럽고 그 공기 속에는 언제나 자유가 스미어 있었다. 서정시는 이 바다와 친연성(親緣性)을 가지고 있다. 서정시가 바다로부터 올라온 것이다. 분명히 서정시는 바다다. 바다는 서정시다. 시 속에는 바다가 출렁이고 있고, 바다 속에는 서정시가 숨 쉬고 있다.

 각 폴리스들은 필요한 모든 물자를 자족할 수 없으므로 인근 폴리스들과 무역을 할 수밖에 없었다. 항구는 무역을 위한 시장 기능을 갖는 장소이다. 여러 지방의 사람들이 모이면서 자연히 물자 무역 외에 이질적인 여러 정보와 생각들이 소통되었을 것이다. 이와 같은 폴리스와 폴리스의 만남, 개인과 개인의 평등한 만남은 타인에 대한 사유, 곧 개체에 대한 사유(개인의식)를 불러일으키기에 충분하였을 것이다—최초의 그리스 자연철학자인 탈레스도 항구 도시인 밀레토스 사람이다. 무역은 각 폴리스, 각 개인의 평등한 권리 위에서 성립하는 소통 행위이다. 각 도시국가들은 시칠리아, 소아시아, 이집트 지역까지 자유로이 무역을 할 수 있었고 장려되었다. 아고라는 각 개인들이 모여서 거래하고 대화하는 광장의 역할을 하였다. 이 광장 한구석에서는 음유시인들이 군중을 모아 놓고 리라나 피리에 맞춰 시를 노래하고 있었다. 고대 그리스 시인들은 시가 개인의 감정이나 사상을 단순히 발화하는 것이 아니라 항상 청중에게 노래로 들려주는 것으로 여겼다. 당시에 시는 보고 읽는 것이 아니라 노래로서 들려주는 것이었다.13)

아고라는 시의 소통을 위한 광장이기도 했다. 또한, 역으로 시는 타인과 소통을 위한 내적 광장을 마련하고 있었다. 서정시는 개인의식의 아고라와 같은 역할을 담당하였다. 아고라는 시의 유통 광장역할을 하였고, 시는 정신적 아고라 역할을 하였다. 고대 그리스인에게 시는 동일한 언어와 동일한 역사 문화를 공유한다는 일체감을 심어 주었다. 시 속에는 아고라가 있고, 아고라 속에는 시가 있다.

항구와 아고라는 개인의식이 작동하는 장소이다. 고대 그리스 서정시는 이런 항구와 아고라와 더불어 시작되고 있다. 항구와 아고라는 신의 세속화와 정치의 민주화를 가속시켰다. 서정시는 이런

---

13) 고대 그리스 서정시인들이 시를 노래할 때 연주했던 리라(lyre)는 신들의 심부름꾼인 헤르메스가 발명하였다고 전해진다. 그는 어느 날 한 마리의 거북을 발견하여 그 갑골의 양끝에 구멍을 뚫고 아마실을 구멍에 꿰어 이 악기를 완성했다. 현의 수는 아홉 명의 뮤즈 여신에게 경의를 표하기 위해 아홉이었다고 한다. 헤르메스는 이 리라를 음악의 신 아폴로에게 선사했다. 리라 이외에도 키타라(Kithara), 바르비톤(Barbiton), 포르밍크스(Phorminx) 등의 현악기와 이관악기를 연주하며 많은 서정시인들과 음유시인들이 만찬이나 회합이나 축제에서 시를 낭송하였을 것이지만 어떤 시에 어떤 악기가 수반되었는지, 또 어떤 의미에 어떤 박자를 넣었는지 알려져 있지 않다. 대리석과 진흙과 언어를 사용하여 그토록 훌륭한 예술작품을 남긴 고대 그리스 인들이 훌륭한 음악을 남겼으리라는 것과, 시가 아고라나 무대에서 노래될 때는 현악기가 수반되고 야외에서 불려질 때는 높은 소리를 내는 관악기가 동반되었을 것이라고 짐작된다.

세속화와 민주화의 결과물이다. 귀족정치 시대인 호메로스 시대에 신은 자연과 인간 운명에 대하여 모든 결정을 하는 존재로 인식되었으나, 헤시오도스는 영웅과 귀족의 가계를 정리하며 신과 연결시킴으로써 신을 세속화시켰다. 헤시오도스의 시에는 이미 개인의식이 강하게 나타나고 있었는데, 그는 <노동과 나날>에 서구 문학사 최초로 개인사를 기입해 넣고 있다.[14] 서정시의 시대가 지나자 비극의 시대가 오고 아고라에서는 연극이 공연되고, 나중에 소크라테스 같은 철학자들이 아고라 한구석에 자리 잡고 젊은이들을 잡고 덕이니, 선이니, 정의니 하는 문제를 가지고 질문하였다.

인간의 몸, 현세 중심

고대 그리스 인들이 남긴 문화유산 중 최상의 것은 인간에게 고귀성과 품위를 부여한 그리스정신이다. 고대 그리스 이전 시대 또는 동시대의 주변 문명은 전제적이며 인명을 경시하였다. 따라서 문맹인 대다수 민중은 절대 권력을 가진 군주의 사실상 노예로서 억압되고 밀폐된 정신세계를 지니고 살았다. 그들은 생물학적으로 독립된 개체이기는 했지만 정신적인 독립체로서 자각하고 사유하지는 못하였다. 그런 정신에서는 인간의 개인의식과 자유에 대한 생각은 싹트기 어려운 것이다. 그러면 동시대의 고대 그리스 인들이 어떻게 해서 일찍이 인간 중심의 사상을 갖게 되었을까? 이에 대답은 단순

---

[14] 헤시오도스, <신통기>,박광순 역, p. 169, 민음사. "헤시오도스는 BC 740-670에 살았던 것으로 추정되는 음유시인이다. 그의 <노동과 나날>은 그와 형제 사이에 일어난 재산 분할 분쟁 이야기를 포함하고 있다. 호메로스가 귀족과 영웅적 세계관을 드러낸다면, 헤시오도스는 농민과 서민의 세계관을 드러내고 있다. 호메로스가 BC 8세기 후반에 살았다고 추정한다면 짧은 기간 동안 둘이 동시대에 살았을 가능성도 있다."

하거나 간단치 않다. 인간의 세계에 대한 이해와 감정이 인간과 세계의 오랜 상호작용의 결과로 생성된 침전물이라면 고대 그리스 인의 그들을 둘러싼 세계와의 대응 관계에서 한 실마리를 찾아볼 수 있겠다.

그리스에는 인간에게 공포감을 줄 만한 거대한 산이나 평야, 강 등의 자연물이 없었다. 또한, 예측 불가능한 혹독한 기후도 없었고, 잔인하고 위압적인 신도 가지지 않았고, 인간의 존엄성과 자유를 구속하고 정신을 밀폐시킬 전제 왕권도 없었다. 지형적으로 분권화된 폴리스에서 가장 중요하고 가치 있는 자산은 도시를 세우고 도시를 지키고 생산 활동에 참여할 다름 아닌 인간 자신이었을 것이다. 고대 그리스 인들은 축복받은 자연의 아들로서 자연의 중심자로서 인간의 지위와 역할을 깨달았다. 그리스 신화는 그 깨달음과 환희의 기록이다. 고대 그리스 인들로 말미암아 서구의 하늘에는 합리주의와 인간주의의 빛이 스며들기 시작한 것이다. 고대 그리스 인에게는 현세에서의 안락하고 행복한 삶이야말로 향유할 가치가 있는 것이었다. 그들은 육체를 경멸하거나 비하하지 않고 도리어 그 아름다움을 발견하였으며 감각적 만족은 삶을 매력적인 것으로 만든다고 생각했다. 그들은 가시적 사물과 마찬가지로 인간의 몸 또한 선악으로부터 해방된 것으로 여겼다.

서정시는 이 자유로운 몸에서 태동하는 것이다. 신으로부터 전제 권력으로부터 독립된 몸, 세속화된 몸으로부터 서정시가 태동하는 것은 자연스럽다. 서정시의 언어는 세속화된 몸의 언어이기 때문이다.

참주제, 화폐 경제, 서정시

BC 700~500년의 고대 그리스는 정치적으로는 귀족 체제가 붕괴되어 새로운 권력 형태인 참주제로 이행하고 있었으며, 경제적으로는 전통적인 농업과 목축 중심의 교환 경제 체제에서 수공업과 상업 중심의 화폐 경제 체제로 옮아가고 있었다.15) 참주제는 귀족 정치에서 민주 정치로 넘어가는 과도기 정치 체제로서 비록 그 독재적인 성격에도 불구하고 혈연적인 귀족 체제 국가를 해체시켰다. 농업 경제를 상공업 중심의 화폐 경제로 전환시킴으로써 지주 계급에 대한 상공업 계급의 승리를 초래하여 결국 사유 재산에 기반을 두는 개인주의와 자유주의를 성숙시키는 데 결정적 역할을 하였다.

도시적인 경제적 개인주의 생활양식과 자유 경쟁적인 사고방식이 지배적으로 됨에 따라 정신생활의 모든 분야에서도 개인주의적 주관주의적 세계관이 표면에 떠오르게 되었다. 문학에서는 집단주의적 영웅주의적 서사시의 시대가 막을 내리고 헤시오도스를 거쳐 개성이 강한 서정시의 시대가 찾아왔다. 서정시인들은 개인적인 소재를 다룰 뿐만 아니라 자신이 정신적인 작품의 주인으로서 인정받기를 바랐다는 점에서도 개인주의적 관념과 사고방식을 갖기 시작했다고 볼 수 있다. 서정시인들은 이제 주관적 감정과 사상을 노래함은 물론 자기 시의 주인으로서 일인칭으로 청중에게 직접적으로 호소하게 되었다.16) 모든 그리스 인들에게 지식과 지혜의 총서로서 성경처럼 간주되었던 호메로스의 서사시는 여전히 그리스 전

---

15) A. 하우저, <문학과 예술의 사회사 : 고대·중세 편>, 백낙청 역, p. 81, 창작과 비평사.
16) A. 하우저, 앞의 책, p. 87 ; 부르노 스넬, 앞의 책, P. 100. "BC 700년경인 이 시대에 조형예술 분야에서도 <아리스토노토스>라는 제작자의 개인 서명이 있는 최초의 도자기가 발견되었다."

역에서 암송되고 인용되며 풍미하였지만, 새롭게 부상하기 시작한 신흥 계급들은 이제 진부한 영웅과 신들의 신화보다는 시사적인 문제와 윤리적인 문제를 다루는 서정시에 더 큰 관심을 기울이게 되었다.17)

사포, 알카이오스, 솔론 등 당시의 많은 서정시인들은 대부분 귀족 출신이거나 귀족 사회를 동경하였으며, 그들은 참주들의 후원을 받고 있었으므로 위협받는 귀족 계급과 귀족의 권리를 옹호하고 선전하였다. 그들의 시는 주관적 정서의 표현이자 윤리적 교훈과 정치적 선전을 겸한 것이었고, 그들은 모든 귀족과 모든 민족의 교육자요 정신적 지도자로 자임하였다.18)

참주들은 귀족 계급 출신이나 귀족층과 평민층 사이의 갈등기에 평민의 편을 들어 권력을 쟁취하였다. 그들은 정치사에서 최초의 개인들이었다.19) 참주들 자신도 대부분 상공업에 진출하여 큰 부를 축적한 귀족들이었다. 그들은 자신의 권력이 정통에서 벗어난 것을 잊게 하고 위장하기 위하여 국민들에게 경제적 이익을 제공하고 외면적인 화려함을 과시하지 않으면 안 되었다. 참주제 아래에서 경제적인 자유주의가 허용되고 예술이 장려된 이유도 거기에 있었다. 그들은 선전의 도구나 명예를 얻기 위하여 예술을 국민을 현혹시키는 아편으로 이용하였다. 그런가 하면 많은 참주들은 실제로 훌륭한 감식자로서 예술을 진정으로 이해하고 애호하였으므로 참주들의 궁정은 예술의 가장 중요한 중심지요 최대의 예술작품을 소장한 장소였다.

---

17) A. 하우저, 앞의 책, p. 83.
18) A. 하우저, 앞의 책, p. 84.
19) <대세계의 역사>, P. 269.

당시 핀다로스를 비롯한 바킬리데스, 시모니데스, 아나크레온 등 많은 시인들이 참주의 궁정에서 그들의 보호와 후원 아래 일하고 있었다.[20] 서정시인들은 참주가 주최하는 시와 음악의 경연대회에 참가하여 자신의 재능을 과시하고 인정받으려고 겨루었다. 그들 모두는 독특한 목소리와 색조를 지니고 변혁기였던 당대의 다양하게 변화하는 모험에 찬 생활을 그려내었다. 그들은 통상에 참여해 여행하고, 전쟁에 종군하고, 방패를 버리고 전쟁터에서 달아나기도 하고, 혁명에 가담하고, 사랑하고 질투하였으며, 노래로써 동료 병사를 독려하거나 전사자를 기리고, 입법을 하고, 올림픽 우승자를 찬양하였으며, 여행을 하고, 동료들의 성격과 행동을 비난하기도 했다.[21]

참주 정치 시대의 예술이 그 이전 시대나 오리엔트의 예술과 비교해서 두드러지게 나타나는 특징은 종교적인 소박함에서 벗어나 매우 자유롭고 인간적인 성격을 띠게 된 점이다. 고대 오리엔트에서는 예술작품이 종교 의식을 위한 소도구나 부속물에 지나지 않았다. 참주 시대의 예술가는 참주 계급과 부유한 신흥 계급으로부터 후원과 주문을 받아 일한 까닭에 주술적이고 종교적인 성격에서 탈피하여 세속적인 경향을 띠게 되었다. 참주 정치 시대의 예술이 궁정을 중심으로 발전되었음에도 불구하고 궁정 양식의 특징인 경직되고 인습적인 형식이나 장엄하고 상징적인 형식의 요소가 보이지 않는 이유는 시대정신인 개인주의와 자유주의로 기울어진 까닭일 것이다. 이 시기의 예술에서 보이는 궁정적인 특색은 인생을 즐기는 감각주의, 세련된 주지주의, 우아하고 장려한 표현방법 등인데, 이

---

20) A. 하우저, 앞의 책, p. 89.
21) M. I. 로스토프체프, 앞의 책, P. 73.

것들은 이오니아 예술의 전통에서 발견되어 더 발전된 것이다.[22]

참주 정치 시대가 인류의 문학예술사적으로 지니는 의미는 심대한 것으로서 예술과 사상이 개인주의적이고 인간적인 방향으로 자리 잡은 데 있다. 경제적 자유주의에 동승한 개인주의의 발달로 말미암아 개인적 양식인 서정시가 발생하게 되었으며, 예술에서 종교적인 목적을 배제한 순수 형식의 예술작품을 생산하기 시작한 최초의 징후를 나타내고 있다.[23] 그러나 당시의 문학과 예술작품이 훨씬 인간 중심적, 합리적, 주관주의적으로 변모했음에도 불구하고 대부분의 작자들이 귀족 출신이거나 그들의 편에 선 까닭에 귀족적인 세계관과 윤리관의 한계를 드러내고 있다.

이와 같이 고대 그리스 서정시는 참주 정치와 상공업 경제에 바탕을 두고 있다. 그리스의 정치 경제 체제가 유동적이고 유목적인 양상을 띠고 발전하게 되는 바탕에는 독립적인 폴리스들 사이의 경쟁과 바다를 통한 해상 무역, 도시 신흥 계급의 부상, 인간 중심 정신 등이 깔려 있다. 서정시는 이런 누적된 시대적, 정치경제적 총체성의 한 양식으로서 출현한 것이다. 그 발생 과정으로 볼 때 서정시는 매우 정치적, 사회적 유전자를 띠고 있다.

다시 질문 속으로

자연의 사건이건 인간의 사건이건 그것이 발생한 인과론적 필연성을 확실히 밝히는 일은 애초부터 불가능한지 모른다. 그 원인이 다원적이고 복합적일 경우에는 더욱 그렇다. 그러나 모든 사건을 우발성에 맡기는 것도 올바른 태도는 아니다. 미약하나마 물증 없이

---

22) A. 하우저, 앞의 책, p. 89.
23) A. 하우저, 앞의 책, p. 92.

정황만 가지고 결과론적으로 당시의 제반 조건을 추정해 볼 뿐이다. '왜?'라는 질문은 아직 그대로 출발점에 남아 있다. 어떤 눈 밝은 사람이 그 해답을 찾을 때까지. 아니, 과정으로 끝까지 남아 있을 것이다.

 오늘날의 우리에게 중요한 것은 고대 그리스 서정시인이 세계에 대해 가졌던 질문을 가슴속에 지속적으로 간직하고 다시 그 질문 속으로 떠나는 일이다. 서정시는 세계에의 질문 속에서 새롭게 태어난다. 그 질문은 바다다. 그래서 서정시인은 늘 그 바다 속에 머물고 또 떠나야 한다. 고대 그리스 서정시는 질문한다. 그대 지금 어디로 떠나려는가?

아르킬로코스 (Archilochos)

　전설의 세계에서 나와 자유로운 개인으로서 인생의 고뇌를 표출한 최초의 걸출한 서정시인으로서 호메로스와 비견할 만한 명성을 누린 아르킬로코스는 다양한 운율 형식과 음조, 다양한 주제로 시를 썼다. 그는 이암보스(Iambos, 약강격 시)의 창시자로 간주되며 후대에 많은 모방자를 가지고 있다. 그는 전사이자 시인으로서 BC 8세기 후반이나 7세기 초반에 생존했던 것으로 추정된다. 그의 작품 <일식>에 언급된 사건은 BC 711년이나 BC 647년에 일어난 것으로 보인다. 그는 동물 우화를 소재로 시를 쓰기도 하였는데, 이는 후대에 이솝 우화에 흡수된 걸로 보인다.

　그는 에게 해 남쪽 파로스 섬의 귀족이었던 텔레시클레스(Telesikles)와 여자 노예 사이의 아들로, 곧 사생아로서 태어났다. 일부 학자는 그의 가문의 이름이 사제 집안의 것이며, 이암보스 시는 데메테르와 디오니소스의 축제나 의식에서 부르던 노래에 뿌리를 두고 있다고 주장한다. 그는 타소스 섬을 파로스의 식민지로 만드는 전쟁, 트라케와 파로스 식민지 사이의 전쟁에도 참여했으며, 일생의 대부분을 전사로서 보냈다. 일설에는 그가 용병으로 참전했다고도 하며 낙소스 섬의 전투에서 전사하였다고 전해진다. 그를 추모하는 제사가 후에 파로스에서 시작되어 BC 3세기까지 지속하였으며, 그의 사당은 당시 학자들이 모이는 중심지 역할을 하였다.

신랄한 독설과 풍자의 시인으로서 그를 후대에 유명하게 만든 사건은 리캄베스(Lykambes) 사건이었다. 귀족인 리캄베스는 딸 네오블레를 그에게 결혼시키기로 약속했다가 이를 번복하였고, 아르킬로코스는 그의 탁월한 재능인 시적인 독설로 복수하였다. 그의 풍자시로 말미암아 네오블레나 리캄베스 또는 그 가족 전체가 수치심으로 자살하였다는 전설이 전해 온다. 또는 남아 있는 몇몇 단편들의 해석에 따르면, 후에 네오블레는 결혼을 하지 못하고 매춘부가 되었고, 이것이 아르킬로코스에게는 발전의 동기가 되었다고 한다.

그의 독백적인 시에는 '나', '지금', '여기'라는 단어가 자주 등장하는데, 이는 과거 호메로스의 서사시에서의 영웅과 신 중심의 과거형 서술과는 대조적인 것으로서 이 시대에 새롭게 자리 잡은 개인의식의 표출이다 ― 여류시인 사포도 자신에게 시를 쓰는 재능을 부여한 것은 뮤즈지만 자신이 시의 작자로서 주인으로서 큰 긍지를 느끼고 있음을 보여주고 있다. 아르킬로코스는 그의 출신이 비천하고 평생을 전사로서 소외되어 살았으며, 연인으로부터 배반당했기 때문에, 냉소적이고 풍자적이며 분노에 찬 반항적 시각을 가지게 되었을 것이다. 그는 당대의 관습이나 규범에 어긋나는 태도를 보여준다. 그래서 그는 당시 사회의 최고의 가치로 여겼던 명예 대신에 전쟁터에다 방패를 버리고 현재의 삶을 찾아 도망쳤던 것이다. 아르킬로코스의 특이한 사회적 신분이 그를 그리스 서정시 시대의 새로운 정신을 지닌 탁월한 대표자로 만드는 데 기여한 것으로 보인다.

그의 주요 작품에는 (1) 전쟁, 위안, 개인적 감정 표현, 유희를 다루는 비가(Elegy) (2) 개인적 감정이나 풍자적 내용, 설화적(우화적) 내용의 에포드(Epode) (3) 개인적 감정이나 풍자적 내용, 권장적이거나 설화적 내용의 이암보스(약강격) 시 또는 강약격(Trochaic) 시들이 포함된다. 그의 언어는 주로 당대 이오니아 체이나 비가는 호메로스 체의 영향을 강하게 받고 있다.

그는 로마 시대의 칼리마코스에게는 이암보스 시로서, 카툴루스에게는 풍자시로서, 호라티우스에게는 에포드 시로 영향을 주었다.

아리스타르코스(Aristarchos)의 규준에 맞춰 쓴 세 사람의 이암보스 시의 작가 중에서 아르킬로코스가 가장 완벽하다. 우리는 그에게 있어 간결하고 박력 있는 어귀로 이루어진 가장 발전된 표현력과 혈기왕성함을 볼 수 있다.

퀸틸리안(Quintilian), <수사학입문>

일식

세상의 어떤 일도 나를 더 놀라게 할 수는 없네.
이제 불가능한 일은 없네.
올림포스의 주인, 제우스1)가 태양을 감춰
대낮을 캄캄한 밤으로 바꿔버렸네.
두려움과 놀라움이 사람들을 엄습하네.
이제는 어떤 일이 벌어져도 믿을 수밖에 없네.
돌고래와 들짐승이 바다와 초원을 교환하여
들짐승이 땅보다 부딪치는 파도를 더 좋아하고
돌고래가 산 위에서 즐겁게 뛰어놀더라도
결코 놀라지 말게.

섭리

신은 모든 일을 쉽게 뒤집을 수 있다.
때때로 신은
재난을 만나 검은 땅에 쓰러진 사람을 일으켜 세우기도 하고,
비록 지금 땅 위에 굳게 서 있을지라도
그의 등을 후려갈겨 땅에 쓰러뜨리기도 한다.
그러면 많은 고난이 찾아오게 되고
그는 정신이 혼란해져,
집을 잃고 궁핍에 빠져 헤매게 된다.

---

1) Zeus. 그리스 신화 중 최고의 신으로 하늘을 관장함.

중용

오, 가슴이여, 나의 가슴이여, 감당할 수 없는 불행으로 심하게 상처 입었구나.
어서 일어나 너의 적들을 똑바로 보고 싸워라.
꿋꿋하게 서서 너를 둘러싼 그들을 맹렬하게 쫓아 보내라.
승리한다 해도 너무 드러내 놓고 자랑하지 말고
패배한다 해도 집안에 틀어박혀 비탄에 빠지지 마라.
행운에서 얻는 기쁨, 고통에서 얻는 슬픔에 중용을 지켜라.
우리 모두의 인생이 이처럼 부침하는 것을 이해하라.

죽음 이후

죽고 나면, 어떤 사람도
주변사람들로부터 존경과 칭송을 얻지 못한다.
우리 모두는 살아있는 동안
살아있는 다른 사람들과 호의를 주고받을 뿐이다.
죽은 자는 가장 나쁜 것을 받을 뿐이다.

지나간 청춘

부드럽던 피부가 꽃다운 청순함을 잃고
이제 메말라서 고랑을 만들었구나.
너의 얼굴에서 달콤한 매력을 빼앗아가 버린 추한 늙음이여,
그토록 피하고 싶은 것이건만.
결국, 얼마나 많은 겨울이 너를 덮치고 지나갔는가
얼마나 많은 시간이······

아르킬로코스(Archilochos)

사람의 본성

사람은 본래 한 종류가 아니라네.
서로 다른 것들이 사람들의 마음을 사로잡는다네.
멜레산드로스2)는 성기를 좋아하고
양치기 팔란지오스3)는 [술]을 좋아하네.
이 비밀은 예언자가 아니라 바로 내가 너에게 알려주는 것이네.
올림포스의 신 제우스4)가 사람들 중에
나를 [깊이 보는 자]5)로 만들었네.
대단한 놈으로.

시선

사람의 태도는 그가 무엇을 바라보느냐에 따라 다르지.

나의 운명

나는 전쟁의 신 아레스6)에의 봉사자이며,
사랑스런 재능을 가진
뮤즈7)에의 봉사자이네.

---

2) Melesandros. 익명.
3) Phalangios. 익명.
4) 제우스는 불, 번개, 빛의 신이기도 함.
5) [ ]은 역자가 추측으로 끼워 넣은 것임.
6) Ares. 제우스와 헤라의 아들로, 전쟁 또는 군대의 신.
7) Muses. 시, 음악 등 예술을 관장하는 여신

나의 관심

금이 넘치는 기게스8) 왕의 인생에는 아무런 관심도 없네.
신이 가진 능력을 부러워하지도 않고
왕이 가진 위대함을 열망하지도 않네.
그 모든 것들은 나의 시야 바깥 멀리 있네.

바다에서 실종된 친구들

페리클레스9)여, 그렇게 슬퍼하고 한탄만 하고 있다면
우리 시내의 어느 누구도 즐거운 축제를 누리지 못하리라.
우리 동료들은 갑자기 소리치며 밀어닥친 파도에 휩쓸려 사라지고
우리의 가슴은 고통으로 미어져 어쩔 줄 모른다. 그러나
이런 돌이킬 수 없는 불운한 재난에 대비해
신은 우리에게 인내라는 강력한 약을 주었지.
친구여, 슬픔은 오고 가는 것
지금 슬픔이 우리를 강타하고 우리는 커다란 상처에 신음하고 있지만
내일은 다른 사람을 찾아가 울게 만들리라.
자 어서, 여자처럼 눈물 흘리지 말고 사내처럼 인내하라.

태풍

글라우코스10)여, 보라,
바다 깊은 곳을 휘젓는 험한 파도가

---

8) Gyges. 재물을 많이 가지고 있었다고 전해지는 리디아의 왕.
9) Perikles. 익명.
10) Glaukos. 익명.

하늘 높이 치솟는 것을!
기라이11) 절벽 위, 태풍12)의 신호
구름이 우뚝 서 있다.
보이지 않는 곳으로부터 두려움이 다가온다.

익사자

바다의 신 포세이돈13)이 준
이 고통스런 선물을 얼른 감추자.

난파

폭풍과 파도의 모서리에 끼어
배가 뒤뚱거리네.

귀향

그들은 흰 머리칼 날리는 파도 속에서 자주 기도했네.
바다를 건너 무사히 귀향하기를.

---

11) Gyrai. 키클라데스 군도의 테노스의 해안에 있는 절벽 이름.
12) 전쟁을 상징하는 것으로 알려짐.
13) Poseidon. 제우스, 하데스와 형제로서 바다를 지배함.

소녀14)

도금양 가지와 사랑스런 장미꽃을 손에 들고
소녀는 기뻐하네.

그녀의 검은 머리칼은 등과 어깨 위에
그늘을 지게 하네.

향기 나는 머리칼과 가슴
늙은이라도 곧 사랑에 빠질 것 같네.

사랑 1

나는 여기 애타게 앓고 있네.
그리움에 사로잡혀
죽을 것만 같네.
신이 내려준 사랑의 고통이
뼛속까지 파고드네.

사랑 2

사랑의 열망이 가슴을 태우고
눈 위에 진한 안개를 뿌리고
머리로부터 생각을 훔쳐
갈팡질팡하게 만드네.

---

14) 3연은 동일 주제의 다른 파편임.

성기

프리에네[15]에서 온, 보리를 잔뜩 먹은 당나귀처럼
그의 성기는 터질 듯 부풀어 있네.

성급한 사랑

그녀의 들어 올린 배 위에 돌연 쓰러져
그녀의 사타구니에 사타구니를 밀어 넣고
그녀의 넓적다리에 넓적다리를 끼우고

창부 1

까마귀가 자주 먹는,
바위 위의 무화과나무.
모두를 사랑하고, 유혹하는 여자,
낯선 이에게 기쁨을 주지.

창부 2

그녀는 엉덩이를 위아래로 잘도 들썩거리네.
불쑥 나온 바위 위에서
날개를 퍼덕거리는 물총새처럼.

---

15) Priene. 이오니아 지방 열두 도시 중의 하나.

남성의 기관

버섯 모양 남성 기관의 근육은 참 연약해.

선물

나는 단 하나의 선물을 원하네.
네오블레의 손 한 번 잡아 봤으면.

사랑의 방식

내가 그녀의 사랑하는 방식을 따를 수 있을까?
나에게 시디신 돌배를 주기 전에
달콤한 무화과 열매를 먼저 주기를.

여자 친구의 아버지에게

아버지이신 리캄베스16)여, 이 무슨 바보 같은 짓인가요?
한때는 그렇게 건전하던 당신
무엇에 홀려 완전히 정신이 나간 건가요?
이웃사람들이 당신을 면전에서 조롱하네요.

---

16) Lykambes. 아르킬로코스가 좋아한 여자 친구 네오블레의 아버지. 이 시는 파혼 후에 쓴 것으로 보임.

배반

그의 배에 격노한 파도가 부딪쳐
살미데소스17) 해변에 그를 내팽개쳐서
더벅머리를 한 트라케18)인들이
그를 벌거숭이로 강탈하고 조롱하기를!
그러면 그는 노예의 빵을 씹으며
많은 재난으로 고생하리라.
온몸에 끈끈한 해초가 엉켜 씨름하며
추위에 몸은 굳어 가리라.
파도가 부서지는 바닷가에 엎어져
입에 거품을 문 개처럼 이는 덜덜덜 소리를 내리라.
내게 잘못한 그가 진흙 속에서 기는 모습을 보기를!
한때는 동료였던 그가 깊은 신뢰를 깨고
배반을 하였기 때문.

배신

소금과 책상을 함께 쓰자고 굳게 맹세하였건만
너는 등을 돌리고 말았구나.

타소스19) 1

여기, 거친 숲으로 둘러싸인 타소스는

---

17) Salmydessos. 트라케에 있는 한 도시.
18) Thrace. 그리스 반도의 북쪽 지방.
19) Thasos. 그리스의 트라케 해안에서 떨어져 있는 바위가 많은 섬.

당나귀 등처럼 뻣뻣하게 솟아 있네.
시리스20) 강이 흐르는 평원처럼 아름답지도 못하고,
사랑스럽지도 못하며, 매력적이지도 못하네.

타소스 2

헬레네21)의 모든 슬픔이 모여 여기로 몰려오는구나.

타소스 3

탄탈로스22)의 돌이 이 섬에 더 이상 걸려 있지 않게 하자.

파로스23)

나와 함께 살아온 파로스여, 무화과나무여, 선원 생활이여!

---

20) Siris. 이탈리아 남부에 있는 강.
21) Hellenes. 그리스의 국토, 민족 전체를 부르는 이름.
22) Tantalos. 제우스의 아들이자 펠롭스의 아버지다. 신들의 음식을 훔쳐 인간에게 준 죄로 지하 연못에 갇혀, 갈증이 나서 물을 먹으려 하면 수면이 낮아져 먹을 수 없고, 머리 위 과일을 따먹으려 하면 과일이 위로 올라가서 먹을 수 없는 형벌에 처해졌다.
23) Paros. 에게 해 남쪽 키클라데스 군도의 섬으로 아르킬로코스의 고향.

주신(酒神) 찬가

디오니소스24) 신에게 들려줄 사랑스런 노래,
주신을 찬양하는 노래를
어떻게 시작하는지 나는 알고 있지.
포도주가 내 정신을 벼락처럼 빼앗아 갈 때라네.

만취

자, 어서 술잔을 들고
빠르게 달리며 흔들리는 배 갑판 위로 나가세.
배불뚝이 항아리 뚜껑을 열고
바닥이 드러나도록 진한 포도주를 퍼마시세.
우리 어찌 취하지 않고
맨송맨송 눈만 뜨고 있을 텐가?

탄원25)

오, 제우스여, 아버지 제우스여,
하늘을 다스리는 당신은
인간이 하는 모든 일을 내려다보며
야비하거나 합법적인 행동을 감시하시니,
짐승들의 옳고 그른 행동도 심판해 주십시오.

---

24) Dionysos. 제우스와 세멜레 사이의 아들로서 풍요, 포도, 포도주의 신.
25) 이 시는 여우의 탄원을 표현한 것으로 여겨짐.

여우와 독수리

사람들이 들려주는 우화가 있지.
여우와 독수리는 한때
가까운 친구였다지.

꾀

여우는 잔꾀를 많이 가지고 있지만
고슴도치는 단 하나만 가지고 있네.
하나의 대단한 꾀.

악행자

나는 대단한 것 하나를 알고 있다.
나에게 잘못한 자에게
훨씬 심한 손해로 되갚아 주는 법을.

중상모략

에시미데스[26]여,
사람들의 중상모략에 신경 쓰는 그 어떤 사람도
삶의 많은 기쁨을 누릴 수 없었다네.

---

26) Aisimides. 익명.

저주

아폴론 신이여, 파괴자여,
죄 많은 자를 고통으로 괴롭히고
파멸로 이끌어 주십시오.

투창

투창은 내가 매일 먹는 빵을 주네.
투창은 내가 마시는 이스마로스27) 산 포도주를 주네.
나는 투창에 기대어 그 포도주를 마시고 있다네.

방패

내가 어쩔 수 없이 숲속에 버리고 온 그 좋은 방패가
한 야만족에게는 자랑거리가 되겠지.
그건 나에게 대수롭지 않지.
대신 목숨을 구했는걸 뭐.
잘 가져가라 해.
다시 더 좋은 것을 구하면 되지 뭐.

장군과 병사

고수머리털과 말끔히 자른 턱수염을 자랑하며

---
27) Ismaros,. 트라케 해변의 도시로서 포도주로 유명함.

거드름 피며 걷는 키 큰 장군이
나는 싫네.
땅딸하고 휜 다리를 가졌어도
발을 땅에 굳게 딛고 흔들리지 않으며
가슴은 당당한 병사가
나는 좋네.

전사

글라우코스여, 전사가 싸우고 있는 한
그는 행운의 친구이다.

전쟁의 신

그 사람들이 말하는 게 맞아.
전쟁의 신은 공평하지.

싸움

목마를 때 물 마시기를 좋아하는 것처럼
나는 너와 싸우기를 좋아한다.

살해

천 명이나 되는 우리는 발에 땀이 나게
적군 일곱 명을 따라잡았지.
그리고 그들을 죽여 버렸지.

기념비

오, 광활한 대지여, 너는
아리스토폰28)과 메게티모스29)를 너의 팔 안에 안고 있구나.
낙소스30)가 지켜 온 거대한 두 개의 기념비여!

좀도둑

너 가장 혐오스러운 자여,
밤이면 시내를 어슬렁거리는 좀도둑이여.

---

28) Aristophon. 익명. 낙소스 섬에 살았던 인물로 추정됨.
29) Megatimos. 익명. 낙소스 섬에 살았던 인물로 추정됨.
30) Naxos. 에게 해 남쪽 키클라데스 군도의 가장 큰 섬.

티르타이오스(Tyrtaios)

전쟁 시로 유명한 티르타이오스는 BC 7세기 중반에서 후반, 스파르타가 일반적인 그리스 도시국가에서 잘 조직된 군국 체제 사회로 이행하는 과도기에 스파르타에서 활동하며 스파르타의 지배 조직에 헌신한 걸로 보인다. 그는 스파르타와 메세니아 사이의 2차 전쟁 시기—1차 전쟁은 그의 할아버지 세대인 BC 690~70년에 있었다—에 군대의 용기를 북돋아 승리에 크게 기여했다고 한다. 그는 단순히 개인적인 견해를 표출한 것이라기보다는 정부의 대변인, 또는 궁정 시인으로 활동한 것으로 보인다. 그의 출신지에 대해서 여러 가지 설이 전한다. 플라톤은 그가 아테네 출신이며 절름발이이며 학교 교사라고 기록하고 있다. 이 설은 스파르타의 명예를 떨어뜨리기 위해 아테네가 만들어낸 거짓일 가능성이 높다. 밀레토스 출신이라는 설도 있는데, 이는 비가(悲歌)가 이오니아 체로 쓰여지기 때문이다. 스파르타 토착민이라는 설도 있는데, 군대에 대한 훈계가 그가 스파르타 인이었기 때문에 가능했다는 점과 그가 스스로를 헤라클레스의 후예—제우스는 스파르타를 헤라클레스에게 주었다—라고 한 점을 들고 있다.

그는 행진가(현재 전하지 않음)와 비가를 썼다. 남아 있는 비가 중에는 군대에게 용맹과 꿋꿋함을 훈계하는 내용이 주종을 이루고, 정치적인 주제를 다룬 시도 있다. 그의 시는 호메로스의 영향을 크게 받고 있다. 그러나 그는 보다 더 공동체적이고 집단적인 기풍의 방향으로 호메로스식의 전통을 변화시켰다. 호메로스와 같이 조국을 위해 싸울 것을 강조하지만 비겁함의 결과가 어떤가도 강조한다. 호메로스가 인간의 특정한 한 부분의 탁월함을 강조했다면, 그는 인간 전체의 남성적 가치인 전쟁터에서의 꿋꿋함을 강조했다.

스파르타 인들은 메세네를 정복하지 못하면 자살을 하리라 맹세한다. 아테네의 한 장군을 데려오라는 신탁이 떨어졌을 때, 스파르타 인들은 아테네 인들의 사기를 돋우고 있는 절름발이 시인 티르타이오스를 선택했다. 그리고 전쟁이 일어난 지 20년 만에 마침내 메세니아를 정복하였다.

수다 렉시콘(Suda Lexicon)

전투와 명예

용맹한 사람이 최전선에 나가서
조국을 위해 싸우다 쓰러지는 것은 아름다운 일이지만,
씨 뿌린 들판과 도시를 버리고 달아나서
사랑하는 어머니와 늙은 아버지, 어린 자식과 착한 아내를 데리고
구걸하러 방랑하는 것은 가장 몹쓸 일이네.
그는 어디를 가나 경멸 받고
결핍과 지겨운 가난에 시달리게 되리라.
게다가 조소와 멸시가 늘 그를 따라다니고
치욕은 그의 후손들에게까지 붙어 다니리라.
집 없이 떠도는 자는 존경도 동정도 결코 얻지 못하므로
우리는 조국을 위해서 사랑하는 자식들을 구하기 위해
기꺼이 목숨을 던져야 하네.
젊은이여, 굳세게 나란히 서서 싸우고
결코 겁을 먹고 물러서지 마라.
네 가슴속 마음을 용기와 당당함으로 무장하고
적과 전투가 벌어지면 네 생명은 잊어버려라.
그리고 다리가 날렵하지 못한 늙은 병사를 두고 달아나지 말게.
늙은이가 젊은이보다 앞서
최전선에 나가 싸우다 쓰러지는 것은 정말 부끄러운 일이네.
머리는 희고 턱수염은 잿빛인 늙은 병사가
먼지 속에서 용맹했던 숨을 거두고,
피 묻은 생식기를 손으로 움켜쥐고, 살갗이 벗겨져서 쓰러진 모습은
보기에도 역겹고 수치스러운 일이네.
하지만 젊은이는 그가 빛나는 꽃처럼 젊음을 지니고 있는 한
모든 것이 매력적이네.
그는 살아서는 사람들에게 칭찬받고, 뭇 여자들에게 선망의 대상이 되며,
최전선에 나가 싸우다 전사하여서는 최고로 멋진 사람이 되네.
그러니 각자가 두 발을 떡 벌려 땅에 굳건히 박고
입술을 깨물고 적들을 막아내세.

티르타이오스(Tyrtaios)

명예로운 일

나는 이런 사람을 언급하거나 존경할 필요가 없다고 생각하네.
비록 그가 경보나 레슬링 기술이 탁월할지라도,
키클롭스[1]처럼 덩치가 크고 힘이 셀지라도,
트라케인 보레아스[2]보다 달리기를 잘할지라도,
티토노스[3]보다 더 잘생겨 매력적일지라도,
미다스[4]나 키니라스[5]보다 더 부자라고 할지라도,
탄탈로스의 아들 펠롭스[6]보다 더 왕의 위엄을 지녔다 할지라도,
아드라스토스[7]보다 더 듣기 좋은 목소리로 웅변을 잘할지라도,
억누를 수 없는 용맹이 결여되어 있는 그 어떤 영광을 가졌다 주장할지라도,
만약 그가 전쟁터에 나가 스스로 좋은 사나이임을 증명하지 못한다면,
피 묻은 도살자들을 노려보며 물러서지 않고 적을 내리쳐서 물리치지 못한다면,
이러한 뛰어남, 이러한 성품은 인간에게 최상의 것이고
젊은이가 갖춰야 할 가장 고귀한 것이네.
도시와 시민을 위한 공동의 좋은 일이라네.
사나이가 최전선에 꿋꿋한 정신으로 무장하고 나가
다리를 벌려 떡 버티고 서서, 부끄럽게 도망칠 생각은 전혀 하지 않고,
그와 함께 있는 동료들에게 격려하는 말을 해주는 이런 사람이
전쟁터에서 자신을 좋은 사나이로 증명하는 것이네.
그는 재빨리 적의 단단한 대열을 흐트러뜨리고
맹렬히 밀려오는 적의 파도를 저지한다네.

---

1) Cyclopes. 외눈박이 거인으로서 양을 치고, 사람을 잡아먹는데, 오디세우스에게 눈이 찔려 맹인이 됨.
2) Boreas. 그리스 북부 트라케 지방에 사는 부족으로 북풍의 신의 후손들이라는 뜻을 가짐.
3) Tithonos. 새벽의 여신 에오스가 사랑한 미남.
4) Midas. 프리지아의 왕으로 만지는 것마다 금으로 변했다고 하는 부자.
5) Kinyras. 아폴론과 피그말리온 사이의 딸인 파포스의 아들이라고도 하며, 산도게스의 아들이라고도 하는데, 키프로스 서쪽 해변에 파포스라는 도시를 세움.
6) Pelops. 제우스의 손자이자, 프리지아의 왕 탄탈로스의 아들로서 전차 경기에서 승리한 후 왕이 됨.
7) Adrastos. 아르고스의 왕으로 테베를 공격했음.

그리고 최전선에 나가 싸우다 수없이 방패와 갑옷과 가슴을 관통 당하고,
심하게 상처 입어, 고귀한 목숨을 버리는 자들은
그의 도시에게, 그의 시민에게, 그의 아버지에게 명성과 영광을 가져다주네.
그를 위해 젊은이건 늙은이건 다 슬피 울어 주고
모든 도시가 아픔 속에서 그리워하네.
그의 무덤과 그의 자식은 사람들 눈에 잘 띄고
그의 자식과 자식, 대대손손 그럴 것이네.
그의 이름과 좋은 평판은 결코 사라지지 않을 것이네.
그는 지하세계에 가서도 불멸할 것이네.
왜냐하면 무서운 아레스[8]가 그를 지하로 데리고 갈 때까지
그는 도시와 아이들을 위해서 꿋꿋이 버티고 싸워
대단한 무공을 남겼기 때문이라네.
그러나 만약 그가 긴 슬픔을 주는 죽음에서 벗어나
그를 위해 기도하는 사람들을 위해 멋진 승리를 하고 창을 들고 개선한다면
젊은이건 늙은이건 모두가 똑같이 존경하리.
그리고 그는 많은 기쁨을 누리다 하데스[9]에게 가리.
그는 늙어가며 시민들 사이에 우뚝 서게 되고
누구도 그로부터 존경과 올바름을 훔쳐가지 못하리.
젊은이건 늙은이건 그의 나이 또래건
모두가 똑같이 광장 벤치에서 그에게 자리를 양보하리.
이러한 뛰어남은 그 최상에 도달하도록 모두가 진심으로 열망하는 것이네.
그러나 이는 전쟁터 바깥에서는 얻을 수 없는 것이라네.

최전선

그대는 죽음의 영역에 발을 들여놓기 전에
미덕의 경계선에 도달하리라.

---

8) Ares. 전쟁의 신.
9) Hades. 제우스의 형제로서 지하세계를 다스리는 신.

스파르타

왜냐하면 크로노스의 아들이자, 화환을 쓴 헤라의 남편인 제우스 스스로
헤라클레스의 후손들10)에게 이 도시를 허락했기 때문이네.
그들과 함께 우리는 바람 많은 에리네오스11) 땅을 포기하고
여기 펠롭스12)의 넓은 섬13)으로 온 것이네.

---

10) 스파르타 인들은 자신을 용맹한 헤라클레스의 후예라 칭함.
11) Erineos. 그리스 중부의 도리아 지방의 도시.
12) Pelops. 제우스의 손자이자, 프리지아의 왕 탄탈로스의 아들로서 전차 경기에서
    승리한 후 왕이 됨.
13) 펠로폰네소스 반도를 말함.

세모니데스(Semonides)

사모스 섬에서 출생하여 BC 7세기 후반에 남쪽 아모르고스 섬으로 이주하여 미노아, 에기알루스, 아르케시네 도시의 식민 지도자로 활동했던 것으로 추정된다. 그의 적으로 오로도에시데스가 있다고 알려져 있다. 그의 전기에 대해서는 많이 알려진 것이 없다. 고대로부터 케오스 섬의 시모니데스와 자주 혼동되어 왔다.

세모니데스는 여성에 대한 냉소적인 시들로 유명한데, 신이 여자의 마음을 여러 가지 방식으로 만들었다고 하는 그의 여성에 대한 견해는 헤시오도스의 견해와 친연성을 갖고 있다. 여성에 대한 그의 풍자시는 아르킬로코스가 리캄베스를 공격한 것을 상기시킨다. 약속 위반자가 사회의 위협이 되는 것과 마찬가지로 나쁜 여자도 사회의 안정을 깨뜨린다고 본다. 그러나 그는 고대 그리스 서정시 시대의 주요 특징 가운데 하나인 인간의 신에 대한 종속감에 대한 견해에서 아르킬로코스와 다른 면을 보여준다. 아르킬로코스는 능동성과 체념의 혼합상을 보여주는 반면에 세모니데스는 수동성과 쾌락주의를 드러내고 있다.

세모니데스는 인간과 인생에 대한 깊이 있는 이해와 교훈을 담은 빼어난 시들을 남기고 있다. 이오니아 체로 쓰여진 그의 작품에는 2권의 이암보스 시와 2권의 비가집이 있다. 그를 이암보스의 창시자로 보는 학자도 있다.

아모르고스는 스포라테스 군도의 한 섬이며, 이암보스 시인인 세모니데스의 고향이다.

스트라본(Strabon), <지리학>

인생

아들아, 천둥번개의 신 제우스는 모든 것을 다스리는 힘을 가지고
그가 원하는 대로 모든 것을 처리한단다.
우리 인간은 제우스가 어떻게 그의 운명을 채워 갈지 모르는 채
하루하루를 가축처럼 살아가고 있단다.
그렇지만 우리는 이루지 못할 꿈에 대한 희망과 확신을 먹고 살아간단다.
사람들은 하루하루 다가올 날을 손꼽고
어서 새해가 오기를 기다린단다.
우리 인간은 아무리 파멸해도 많은 행운과 재물로 부유해져서
장차 고향에 돌아갈 희망을 가지고 있단다.
그러나 인간이 이 목표를 이루기 전에 바라지 않는 늙음이 먼저 그를 붙잡고
고통스런 질병이 그를 쇠진시킨단다.
어떤 이들은 전쟁에서 죽어 어두운 땅 밑에 묻히기도 하고
어떤 이들은 바다를 가로질러 오는 태풍에 난파되어
끝없이 밀려오는 짠 파도 아래 익사하기도 한다.
그들은 더 이상 땅 위에서의 삶을 누릴 수 없단다.
또 어떤 이들은 비참한 운명을 스스로 포기하고 목에 올가미를 매어
태양빛을 영영 떠나는 길을 선택한단다.
누구라도 나쁜 일로부터 벗어나 있지 못하단다.
수많은 위험과 예기치 않은 재난과 고통이 인간을 엄습한단다.
그러니 너도 내 말을 명심하여, 훗날 불행에 빠지지 않게 하고
슬픔 일에 마음이 묶여 괴로운 나날을 보내지 않도록 해라.

인생의 덧없음에 대하여[1]

"사람의 인생은 숲속의 잎사귀와 같다"는
키오스[2]의 눈먼 시인[3]의 시 구절이 잊히지 않는다.

---

[1] 시모니데스의 시라고 주장하는 학자도 있음.

세모니데스(Semonides)

이 구절을 들은 사람 중 아주 적은 사람만이
가슴에 새겨들으리라.
왜냐하면 모든 젊은 가슴에는 희망이 뿌리박고 있기 때문에.
젊은이나 죽어가는 이나 화려한 희망의 꽃을 피우고 있어
즐거운 기분으로 여러 가지 맹랑한 계획을 꾸며 보리라.
그들은 늙거나 죽을 걱정은 전혀 하지 않고
지금 건강하므로 고통스런 병에 대한 두려움도 없기 때문이다.
가엾고 어리석은 자여,
젊음도 인생도 한낱 하루살이인 것을 알지 못하느냐?
죽음이 가까이 와서야 그대는 내가 말한 것을 이해하리라.
인내심을 가지고 견디며 모든 좋은 일에서 기쁨을 누려라.

삶과 죽음

훗날 죽어서 누운 채 많은 시간을 보낼 테지만
우리가 지금 살아서 누리는 짧은 몇 해 동안도
불행하게 사는구나.

죽음 이후

어떤 사람이 죽고 난 후
그를 하루 이상은 생각하지 않게 되네.
우리가 상식적인 사람이라면.

---

2) Chios. 레스보스 섬 남쪽에 자리한 큰 섬. 포도주와 대리석으로 유명하며 호메로스의 출생지로 알려짐.
3) 호메로스를 이름.

먹이

다랑어에게는 오징어가 먹이,
잉어에게는 새우가 먹이.

딱정벌레

우리는 그때 딱정벌레를 날려 보냈지.
창조물 중에 가장 역겨운 방식으로 살아가는 놈을.

잘못된 생각

신은 무책임하게 사람들에게 잘못된 생각을 주네.

불행한 만남

한 사람이 나무가 빽빽한 산
혼자 좁은 길을 내려오다
사자나 표범을 만난다면
그보다 더 겁먹을 수는 없을 거네.

결혼

남자에게는 좋은 아내보다 더 나은 게 없고
악처보다 더 나쁜 것은 없다.

평가

발목이 굵은 여자는 좋지 않다네.

여자의 기질

태초에 신은 여자를 여러 종류로 만들었다네.
그 중 한 종류는 털이 뻣뻣한 암퇘지인데
집안의 모든 것을 어지럽게 늘어놓고, 먼지구덩이로 만들고,
바닥에 굴리고, 그녀 자신을 씻지도 않고, 옷도 빨지 않고,
똥덩어리 위에 눌러앉고, 몸은 뚱뚱하게 불어나네.
신이 만든 다른 종류는 사악한 암여우인데
그녀는 모든 것을 잘 알아서
좋은 것이든 나쁜 것이든 어떤 것도, 그녀의 눈을 빠져나가지 못하네.
그녀는 종종 좋은 것을 나쁜 것이라고 부르고
나쁜 것을 좋은 것이라고 부르며, 기분이 수시로 바뀌지.
또 다른 종류는 암캐인데
자신의 어머니처럼 늘 이간질을 하고 다니며
남의 모든 일을 듣기 좋아하고 보기 좋아하지.
어디든 기웃거리며 냄새 맡으며 돌아다니며,
아무도 없는데도 무슨 소리를 질러대지.
누구도 그녀를 멈추게 할 수게 없지.

위협하는 소리를 내더라도, 격분해서 돌로 입을 내리쳐도,
점잖게 타일러도, 손님 곁에 앉아 있을 때에도, 쓸데없는 개소리를 계속 쏟아내지.
올림포스 신이 만든 또 한 종류는 진흙으로 만들었는데
그녀는 남자를 제구실 못하게 만드네.
좋은 것도 나쁜 것도 구별 못하고
아는 것이라고는 오직 먹는 것뿐이네.
혹독한 겨울이 다가와 몸을 떨고 있는데도
불 가까이 의자를 옮길 줄도 모르네.
또 다른 종류는 바닷물로 만들었는데
그녀는 두 종류의 마음을 가졌네.
하루는 방글거리며 웃고, 기쁨을 내뿜어서,
낯선 이도 그녀를 보면 칭찬할 만하네:
"이처럼 칭찬할 만하며 아름다운 여자는 어디에도 없을 거네."
그러나 다음날은 그녀를 쳐다보기도 민망하며, 가까이 가기도 싫네.
이럴 때는 강아지를 거느린 암캐처럼 접근조차 어렵고
친구건 적이건, 모든 사람에게 똑같이 완강하고 역겹게 구네.
바다는 여름철 한때 조용히 움직이지 않고, 피해도 주지 않고,
항해자에게 기쁨을 주다가, 종종 천둥번개 치는 파도와 함께 광폭해지고 소용돌이치지.
이처럼 바다는 항상 변하는 본성을 지니는데
그 여자의 기분이 바다를 닮았다네.
또 다른 종류는 잿빛 고집 센 당나귀인데
매사 강제와 질책을 받아야만, 마지못해 수용하고 일을 하지.
그 와중에도 밤낮으로 방 안쪽에 앉아 먹다가, 난로 곁에서 먹다가,
남의 아내 넘보러 오는 친구를 누구나 받아들이지.
또 다른 종류는 가련하고, 비참한 족제비인데
그녀는 아름답거나 매력적인 구석이라고는 전혀 없고
기쁨을 주거나 사랑스러운 구석도 전혀 없고
침대로 가서 뒹굴기만 광적으로 밝히지만
그녀와 함께 누운 남자에게는 아픔과 불쾌함만 주네.
물건을 도둑질해서 이웃에게 큰 해를 끼치고

남의 제단에 있는 손대지 않은 제물을 자주 먹어치우네.
또 다른 종류는 예민한, 갈기가 긴 암말인데
그녀는 귀찮은 일거리나 골칫거리는 멀리하네.
방아 돌리는 일도, 체질하는 것도 꺼리고,
집안의 똥을 치우는 일도 하지 않고,
검댕이 묻을까봐 솥 곁에 앉지도 않네.
그럼에도 남자는 제 곁에 있으라고 앙탈하고
매일 제 몸을 두 차례, 때로는 세 차례씩 씻으며, 향수를 문질러 대고,
갈기는 잘 빗질해 다듬고 꽃으로 장식하네.
이런 여자는 정말 남이 보기에는 아름다운 모습이지만,
남편에게는, 그런 겉치레를 자랑스러워하는 참주나 왕이 아닌 다음에야, 재앙이나 다름없다네.
또 다른 종류는 유인원인데
이는 제우스가 남자에게 준 다른 무엇보다도 큰 악이라네.
그녀의 얼굴은 극도로 추해서 시내를 걸으면 모두가 비웃고
목은 짧고, 걷는 것도 불편하고, 꼬리도 없이 다리만 있네.
그런 재앙을 팔에 안고 있는 남자는 참 비참한 신세라네.
그녀는 유인원처럼 모든 기술과 교활한 방법을 알지만
남이 어떻게 비웃는지는 신경조차 쓰지 않네.
그녀가 남에게 어떤 친절도 베풀려 하지 않고,
하루 종일 붙박여 있는 관심거리와 꿍꿍이는
남에게 어떻게 최대한 큰 피해를 끼칠까 하는 거네.
또 다른 종류는 꿀벌인데
한 군데도 나무랄 데가 없어서
이런 여자를 얻은 남자는 행복하네.
그녀의 관리 속에, 그의 재산은 불어나고 번창하네.
그녀는 자신을 사랑하는 남편을 사랑하며 함께 늙어가며
품위 있는 어머니로서 자식들을 뛰어나게 키우네.
그녀는 모든 여자 중에 눈에 띄며, 여신 같은 우아함이 퍼지네.
그녀는 여자들과 어울려 음담패설 수다를 즐기지도 않네.
그런 여자는 제우스가 행복의 선물로서 남자에게 준
모든 면에서 최선이며, 최고로 지혜로운 아내라네.

제우스는 그 외의 모든 것을 그의 뜻대로 만들어 남자들에게 주었는데
여자보다도 더 나쁜 역병은 없다네.
여자들은 남자에게 약간의 도움을 주는 것 같지만 결국 역병에 불과하니,
여자와 함께 사는 남자는 하루 동안도 결코 유쾌하게 지내지 못하며
불청객이자 악의에 찬 신 같은 굶주림을 집안에서 멀리 쫓아버릴 수도 없다네.
신의 은총에 의해서건 자신의 의지에 의해서건, 남자가 집에서 편히 쉬고자 할 때면
그녀는 그를 비난할 이유를 찾고 싸움을 벌일 태세를 갖추네.
집에 여자가 있을 때면,
남자는 집에 친구를 불러 머물게 할 수도 없고, 마음이 편치도 않네.
그녀는 자신을 잘 통제하는 듯 보이지만 쉽게 광폭하게 변해서
남편은 입을 벌려 할 말을 잊고, 이웃들은 다른 남자의 어리석음을 보고 즐거워하네.
모든 남자들은 자기 아내를 추켜세우고
다른 아내의 결점을 찾기 위해 갖은 수를 다 쓰네.
우리 모두가 더 나을 것 없는 운명인 걸 깨닫지 못하네.
제우스가 만든 것 중에 여자보다 나쁜 역병은 없으니
남자를 부술 수 없는 족쇄로 꽁꽁 묶어 놓네.
이는 오랜 동안 그러했네.
남자들이 여자를 두고 큰 전쟁[1])을 치루고
마침내 스스로 하데스에게 간 것을 기억하세.

---

1) 스파르타의 왕비 헬레나를 납치해 감으로써 일어난 그리스와 트로이 간의 전쟁을 말함.

세모니데스(Semonides) **59**

밈네르모스(Mimnermos)

BC 660년경에 태어나 BC 600년경에 죽은, 사랑의 비가로 유명한 시인이다. 그의 조국에 대해서는 콜로폰이냐, 스미르나이냐에 대한 이설이 있는 데, 태어난 장소와 주요 생애를 지낸 장소가 다를 수가 있기 때문인 것으로 보인다. 그는 BC 660년 스미르나가 리디아의 왕 기게스와의 전투에서 승리한 영웅의 업적을 찬양하고 있으므로 BC 660년 이후에 생존했을 것이다. 그가 이 영웅을 본받자고 시민을 결집시켰던 절박한 사건은 스미르나를 침공한 리디아의 왕 알리아테스와의 전쟁이었던 것 같다. 스미르나는 BC 600년에 이 전쟁에서 패해 멸망하였고, 그도 이 전쟁 중이나 전쟁 후에 죽은 것 같다. 그의 작품 배경은 동방의 지배권에 대항하던 소아시아의 그리스 도시인 까닭에 동방의 영향을 많이 받았다. 그의 이름조차도 동방적인 것이다. 그의 작품에는 절망과 유흥에 빠진 이오니아의 퇴폐적인 경향이 잘 나타나 있다.

그의 작품은 스미르네이드(Smyrneid, 스미르나의 역사에 대한 장시)와 난노(Nanno, 그의 시를 연주한 플루트 부는 처녀)에게 주는 비가와 사랑에 대한 시들이다. 그의 에로틱 비가에게 보이는 바와 같이 그는 후기 알렉산드리아와 로마의 사랑의 비가를 쓴 시인들의 선조이다.

밈네르모스에 따르면, 사랑과 유희가 없이 즐거움은 없다. 사랑과 유희를 즐기며 살아야 한다.
호라티우스, <에피스텔레스(Episteles)>

늙음

황금빛 사랑을 나눌 수 있는 시절이 가고 나면
인생에 무슨 기쁨이 있을까?
남자에게나 여자에게나 젊음의 황홀한 꽃인
은밀한 포옹, 달콤한 속삭임, 잠자리가 없다면
나는 차라리 죽는 편이 낫겠네.
고통스런 늙음이 찾아오면
아름다웠던 사람들도 초라해지고 추해지고
나쁜 걱정거리가 마음을 떠나지 않네.
태양빛을 보는 기쁨도 잃고,
이제 자식들마저도 멸시하고
여자들은 박대하네.
신이 준 이 슬픈 피할 수 없는 늙음 때문에.

무상

꽃이 만발하는 봄의 초록 새순처럼
따스한 햇빛을 듬뿍 받고 빨리 자라나서
우리는 덧없이 짧은 청춘기를 기뻐하네.
미래가 좋을지 나쁠지도 모르는 채.
그러나 곧 두 개의 어두운 그림자가 다가오네.
고통스런 늙음과 죽음은 거부할 수가 없네.
태양이 대지 위에 햇빛을 짧게 비추듯이
우리 청춘의 과일은 금세 익어 떨어지네.
이런 젊음의 계절이 지나가고 나면
사느니 차라리 죽는 편이 낫게 되네.
모든 근심걱정이 가슴에 찾아오고
집의 재산은 빠져나가 고통스런 궁핍이 찾아오네.
어떤 사람은 간절하게 무엇보다도 아들을 바랐지만

결국 자식 없이 땅에 묻히고
어떤 사람은 질병으로 고통스러워하네.
지상의 어떤 사람도
제우스가 내려준 많은 슬픔을 피할 수는 없네.

되돌릴 수 없는 인생

기쁨과 아름다움의 꽃 속에 내 나이 세대가 있는 걸 생각하자,
갑자기 혼미해지고, 땀이 온몸에 흘러내린다.
오, 영원하기를!
그러나 귀중한 젊음은 꿈처럼 짧게 지나가고
슬프고 증오스런 늙음이 금세 어렴풋이 다가와서,
눈도 정신도 희미해지고
이제 남을 알아볼 수도 없게 되네.

세월

가장 아름다웠던 사람조차도
좋은 시절이 지나가고 나면
그의 자식들조차 그를 꺼려하고 무시하네.

헬리오스[1]

태양신 헬리오스는 매일 고단한 일을 하네.

---
1) Helios. 태양신 아폴로.

장밋빛 손가락을 가진 새벽의 여신이 대양을 떠나서
하늘 높이 올라가기 시작하면
그와 그의 말은 한시도 쉴 틈이 없네.
밤이 되면 태양신은
헤파이스토스1)가 순금으로 정교하게 만든
반구형 침대의 물결에 몸을 씻네.
날개가 달린 그 침대는
헤스페리데스2)에서 에티오피아 땅에 이르는 바다의 수면 위에서
태양신이 부드러운 잠을 자는 동안 실어다주네.
거기서 그의 수레와 말은
그의 자식인 새벽의 여신이 오기를 기다리네.
히페리온3)의 아들은 거기서 새 마차에 올라타네.

육십

나는 기도하네. 사람조차도
건장하고 쾌활하게 육십까지만 산 후,
운명의 죽음이 찾아왔으면.

정직

정직하자, 그대와 나.
그러는 것이 가장 옳은 것이다.

---

1) Hephaistos. 불과 쇠, 대장장이의 신.
2) Hesperides. 서쪽 끝에 있다는 전설의 섬.
3) Hyperion. 우라노스와 가이아 사이의 아들로서 12티탄의 하나. 태양의 신 아폴론, 달의 여신 셀레네, 새벽의 여신 에오스의 아버지임.

구설수

즐겁게 살아라.
말 많은 사람들 중에
일부는 언제나 그대를 비난하고
일부는 그대를 칭찬하는 법이다.

알크만(Alkman)

합창시(Choral Lyric)를 쓴 첫 번째 괄목할 만한 대표자인 알크만은 BC 7세기 후반에서 6세기 초반에 스파르타에서 활동하였다. 티르타이오스가 스파르타의 군국적인 모습을 보여주는데 반해 알크만의 시는 스파르타의 일반 사회 모습을 보여준다. 그는 전쟁 추구만이 중요한 것이 아니라 음악 또한 중요하다고 언급하고 있다. 알크만은 그의 시들로 미루어 자유분방하고 유희와 주흥을 좋아하는 성격이었던 것처럼 보인다. 그의 출생지가 스파르타를 수도로 하는 라코니아 지방인지 또는 리디아 지방인지에 관해서도 논쟁이 있다. 당대의 많은 시인들처럼 소아시아의 리디아의 수도 사르디스에서 이주해 왔을 가능성도 있다. 다른 설은 후세의 사람들이 폐쇄적이고 군국적인 스파르타에서 시인들이 출생했다는 사실을 의심하여 다른 지방으로 옮겨놓은 것이라고 한다.

알크만은 3단 구조(Triad)의 합창시, 영웅 전설을 현재의 사건과 인물에 결합시켜서 사용하는 습관에 있어서 스테시코로스와 핀다로스의 출현을 예감하게 한다.

주신 찬가(Dirthyramb)로 유명한 코린토의 아리온

(Arion)이 그의 제자라고도 전해진다.

그의 단편들은 알렉산드리아 시기에 6권으로 정리되어 있으며, "처녀들의 노래(maiden-song)"이라 불리는 파르테네이온(Partheneion, 플루트 반주로 부르는 처녀들의 노래), 찬가, 푸루이미온(Prooimion, 서사시의 암송을 위한 6음보의 도입부)을 포함한다. 합창시의 고향이 펠로폰네소스 반도이고, 스파르타가 그 중심지이므로 그의 언어는 도리아 체이지만, 어떤 작품에서는 아이올리아 체와 호메로스 체의 영향도 받았다. 고대 운율학자들이 강약약격(Dactylic) 6음보를 "알크만적(Alcmanic)"이라고 불렀다고 한다.

비석을 가지고 사람을 판단하지 마시오. 그대가 보는 묘지는 비록 작지만 위대한 사람의 뼈를 품고 있소. 라코니아(Lakonia, 스파르타 지방)의 최고 시인, 아홉 뮤즈를 다스린 알크만이 잠들고 있소. 그리고 두 대륙은 그가 리디아 사람인가 라코니아 사람인가를 다투고 있소. 왜냐하면 한 시인의 조국은 여럿일 수 있기 때문이오.

테살로니카, <안티파트로스(Antipatros)>

뮤즈에게

제우스의 딸, 칼리오페1)여, 뮤즈여,
사랑스런 시를 읊어 주십시오.
나의 노래에 매력을
춤에 우아함을 가득 채워 주십시오.

재능

그런 노래는 즐거운 뮤즈가 선물한 것이지.
메갈로스트라타2)가 부른 것이 분명해.
저 금발의 처녀,
모든 처녀들이 그녀를 부러워하지.

나의 시

나는 모든 새들의 곡조를 알고 있다.
그런데 나의 시와 멜로디가
재잘거리는 메추라기의 목소리로 된 것을 알았다.

---

1) Kalliope. 아홉 명의 뮤즈들 중 으뜸으로서 서사시, 서정시를 관장한다고 함.
2) Megalostrata. 익명.

처녀합창단을 위한 노래[3]

[전체 합창단]
[······]
신들로부터 복수가 있네.
그러나 눈물 없는 날들로 일생의 피륙을 짜는 사람은 복 받은 것이네.

[아기도[4] 합창단]
나는 이제 아기도의 빛남을 노래해야겠네.
내 눈에 그녀는 태양처럼 빛나며
우리에게 아기도라고 증언하는 듯하네.
그러나 우리 합창단의 사랑스런 리더는
그녀를 칭찬하거나 비난하지 못하게 하네.
그녀는 스스로가 눈부신 존재임을 잘 알기 때문이네.
마치 양떼 무리 속의 경주마처럼
탄력 있고, 빠르고, 천둥소리의 말굽을 지닌,
꿈속에서 본, 날개를 단 창조물같이 눈부시네.

[하게시코라[5]의 합창단]
그대는 보는가? 저 베니스 태생 준마 같고
잘 빗은 삼단 머리를 한 나의 사촌 하게시코라를!
그녀는 머리에 순금의 꽃을 꽂고
그 아래에는 순은(純銀)처럼 흰 얼굴이 눈부시네.
이렇게 내가 직설적으로 말할 필요가 있을까?
여기 하게시코라가 있네.
미모는 아기도 다음일지 모르나,

---

3) 일명 Maiden Song이라고 불린다. 두 부분이 대칭적으로 각 리더를 칭송하는 내용으로 전개되고 있다. 아기도와 하게시코라가 각 부분의 리더이다. 합창단 구별은 이해를 돕기 위해 임의로 나눈 것이다. 즉, 오류가 있을 수 있다. 생략된 앞부분은 심하게 훼손된 파편으로 스파르타의 전설과 역사를 다루는 듯하다.
4) Agido. 익명. 매우 아름다운 미모를 지닌 것으로 묘사됨.
5) Hagesichora. 익명. "합창단의 리더"라는 의미를 지님.

리디아6)의 달리기 선수에 견주자면
스키티아7)의 말과 같이 빨리 달리지.
왜냐하면 우리가 오르트리아8)의 쟁기를 끄는 동안,
새벽 플레이아데스9)별자리가 떠올라서
신성한 밤 내내 빛나는 시리우스10)별처럼,
우리와 밝음을 견주는 것과 같기 때문이네.

[아기도 합창단]
보랏빛 염색을 한 화려한 옷과 천들도,
순금으로 조각한 뱀-팔찌도,
리디아에서 온 순금의 머리끈도,
부드러운 눈을 가진 처녀들의 장식구도,
결코 우리를 아기도로부터 떼어놓을 수는 없네.
난노11)의 삼단머리조차도,
아레타12)의 여신과 같은 아름다움도,
틸라키스13)도 클레시테라14)도 역시도 마찬가지네.

[하게시코라 합창단]
그대는 아이네심브로타15) 집에 갈 것 없이
이렇게 말하라.
"아스타피스16)가 내게로 오고
필릴라17)가 이쪽을 보게 하라."

---

6) Lydia. 소아시아의 고대 왕국.
7) Scythia. 흑해 북쪽 돈 강에서 프루트 강에 이르는 초원지대.
8) Orthria. 순결, 사냥, 달, 출생의 여신 아르테미스.
9) Pleiades. 아틀라스와 플레이오네 사이의 일곱 딸. 오리온에게 쫓기다 일곱 별로 변함.
10) Sirius. 큰 개(Great Dog) 성운의 개자리별.
11) Nanno. 익명
12) Areta. 익명
13) Thylakis. 익명
14) Klesithera. 익명
15) Ainesimbrota. 익명
16) Astaphis. 익명

또한 다마레타18)와 사랑스런 이안테미스19)도.
왜냐하면 하게시코라는 우리의 희망이기 때문이네.
사랑스런 복사뼈를 가진 하게시코라가
지금 우리와 함께 있지 않느냐?

[아기도 합창단]
그렇지, 그녀는 아기도 곁에서 기다리며
우리의 축제를 준비하고 지시하네.
우리의 모든 일을 결정하는, 오, 신이여
그들의 기도를 들으시길.
우리의 합창단 리더여, 그대에게 말하노니
처녀인 나는 지붕 꼭대기의 올빼미처럼
홀로 허공에 소리를 지른다네.

[하게시코라 합창단]
그러나 우리의 가장 큰 갈망은
우리의 골칫거리를 치유해 주는
새벽의 여신을 기쁘게 해 주는 것.
그러나 처녀들이여, 하케시코라만이
우리가 바라는 조화로 인도할 수 있으리.

[전체 합창단]
모든 전차들이 선두 말의 경로를 따르듯
배 안에서 키잡이의 말을 신속하게 따르듯
우리 모두는 주의를 집중했지.
그녀는 오늘 노래했네.
신인 사이렌20)보다 달콤한 목소리는 아니지만

---

17) Phillyla. 익명
18) Damareta. 익명
19) Ianthemis. 익명
20) Siren. 바다에서 노래로 뱃사람을 유인하여 파선시키는 전설적 존재. 때로는 새의 머리와 여자의 몸을 지닌 존재로도 묘사됨.

열한 명이 아니라 열 명이 노래했네![21)
그녀의 목소리는 크산토스[22) 강가의 백조처럼 맑고
그녀의 삼단머리 금발은 눈부시게 빛나네.
[……]

사랑

키프리스의 뜻에 따라,
다시 한 번만 사랑해 보았으면!
달콤함이 쏟아져 내리고
가슴은 녹아 내렸으면!

동경

우리 젊은 처녀들 모두는
리라를 연주하는 그 청년에게
목소리 높여 서로 말하려 하지.

희망 사항

그리고 처녀들은 모두 말했지.
"제우스 신이여, 기도하노니,
저 남자를 제 남편으로 삼게 하소서."

---

21) 합창단원 10명과 리더가 일체가 되어 노래했다는 의미.
22) Xantos. 트로이의 강.

어지러운 사랑

어린 소년처럼 장난치는 이는
사랑의 여신 아프로디테23)가 아니라
소란한 에로스24)라네.
'나를 건드리지 마세요' 꽃잎을 밟으며
초원 위를 달려가네.

교훈

경험과 고생은
지혜의 어머니

나는 늙었노라

매혹적이고 달콤한 노래를 부르는 처녀들이여,
나의 다리는 약해져서
이제 몸을 지탱하기도 힘 드는구나.
나는 바라노니, 진정 바라노니
바다의 거품꽃 위를 근심 없이 날아오르는 물총새였으면!
짙푸른 바닷빛의 신성한 새여!

---

23) Aphrodite. 사랑과 미와 풍요의 여신.
24) Eros. 성적인 사랑의 신. 아프로디테의 아들로 여김.

여행

우리 인생의 길은 좁고
궁핍은 어쩔 수가 없네.

친구

너는 촌뜨기가 아니지.
돼지치기같이 어리석은 놈도 아니고,
테살리25) 사람도 아니고,
양치기도 아니네.
너는 사르디스26)에서 왔지.

휴식

지금 산의 꼭대기와 계곡,
곶과 급류, 숲,
검은 땅이 양육하는 모든 기는 것들,
소굴 속의 짐승들과 꿀벌 떼들,
소용돌이치는 바다 깊숙이 있는 괴물들,
모두 잠들고 있다.
그리고 큰 날개를 가진 모든 새떼들도 잠들고 있다.

---

25) Tessaly. 그리스 반도 북부 지방.
26) Sardis. 리디아 왕국의 수도.

이슬

달과 공기의 아들인 이슬은
사슴잔디27)를 자라게 한다.

조용한 바다

바다는 말없이
해초가 엉킨 해변 위에
낙하해 있네.

여제사장의 재주

가끔 신들이 산 정상에서
횃불을 밝히고 주연을 즐길 때
그대는 양치기들이 사용하는 것과 같은
금으로 만든 큰 단지를 가져와서
거기에 암사자의 젖을 가득 채워
아르고스28)의 살해자인 헤르메스29)를 위해
크고 단단한 치즈를 만들었지.

---

27) deergrass. 잔디의 한 종류.
28) Argos. 몸의 앞뒤에 눈이 여러 개 달린 거인.
29) Hermes. 신들의 전령. 제우스의 명을 받고 잠자게 하는 피리를 불어 아르고스의 모든 눈을 감게 한 후 죽임.

사계절

신은 세 계절을 먼저 창조했네.
여름, 겨울, 그리고 세 번째로 가을.
네 번째로 봄을 창조했네.
꽃은 만발하지만
아직 먹을 것은 충분치 않네.

메뉴

곧 그는 콩 수프를 내오고,
흰 빵을 가져오고,
벌집처럼 달콤한 과일을 내올 걸세.

알크만의 식성

자, 남은 것을 모두 배불뚝이 가마솥에 부어 넣게.
그걸 불에 구워 먹은 적은 없다네.
그것은 곧 끓어서
대식가 알크만이 추운 겨울에 즐겨 먹는
따뜻한 죽이 된다네.
정말로, 알크만은 고급 음식이 아니라
평민이 좋아하는 평범한 음식을 많이 먹는다네.

알카이오스(Alkaios)

BC 630~20년경 사포의 고향이기도 한 레스보스 섬에서 귀족 가문으로 태어났다. 그는 사포와 동시대인이며 시 창작에 있어서 서로 경쟁관계에 있었던 것으로 보인다. 문헌상으로는 서로 시를 교류한 것으로 나오지만 친밀한 개인적 관계는 없었던 것으로 보인다. 정치적 변혁기를 산 그는 생애 대부분을 레스보스 섬의 귀족 정치를 개혁하려는 운동에 가담하여 투쟁하였으며, 그의 시는 정치적 변화와 깊은 연관을 지니고 있다.

알카이오스의 형제들과 피타코스(Pittakos)—후대에 고대 그리스의 일곱 현인의 하나로 추앙되며 솔론의 정치 개혁의 귀감이 되었음—는 당시의 참주 멜라크로스를 타도했으며 그 또한 피타코스와 동맹하여 트로이 근처 시게이온에서 아테네에 저항하여 싸웠다. 미틸레네의 지배자가 된 피타코스와의 동맹이 깨진 후, 피타코스는 미르질로스와 동맹을 맺고 알카이오스를 피르카(Pyrkha, 레스보스의 다른 도시)로 추방하였다. 미르질로스가 죽자 고향으로 귀환하였다가 얼마 후 다시 추방당하였으며, 이때 이집트를 포함한 여러 지역을 여행하였다. BC 590년 이후 피타코스는 알카이오스를 용서하여 귀환하게 하였다.

그의 작품은 10여 권의 책에 남아 있는데 주로 서정적 독창부(Monody) 형식이다. 시의 내용은 정치적인 주제 외에 신과 영웅의 찬가, 에로틱하거나 주흥적인 것들이 많다. 친구들이나 관계인들 집단 사이에서의 연회나 공연을 위해 쓰여진 것 같다. 그의 언어는 아이올리아 체이다. 그의 정치적인 시에서 보는 바와 같이 그는 테오그니스와 많은 유사성을 지니고 개인적 가치와 공공의 권리를 동등하게 생각했다. 그러나 알카이오스는 정권 전복을 위한 혁명을 지원할 정도로 보다 더 진보적이었다. 그는 정치시, 혁명시의 선구자라고 할 수 있다.

후대에 대한 그의 영향은 크게 3부분에서 나타나는데, 호라티우스에 의한 형식과 내용의 모방, 반복적 은유, 주흥의 시가 그것이다.

참주를 공격하는 알카이오스의 작품은 최상의 것이다. 그의 윤리적 가치관 또한 위대하다. 호메로스와 같이 그의 양식은 명쾌하고 장대하며 정밀하다. 그러나 그는 더 나은 주제를 위해 적절하게 유머와 사랑도 선택하고 있다.

퀸틸리안

바다 위의 국가[1] 1

이번에 밀려온 파도는
지난번 것보다 훨씬 높구나.
파도가 배 안으로 들이쳐
물을 퍼내는 우리의 고역은 말할 수가 없구나.

[……]
어서 서둘러 배 난간을 보강하고
안전한 항구로 달려가자.

그리고 우리 모두 용기 없이 망설이지 마라.
우리 눈앞에 거대한 시련이 닥쳐왔다.
지난번의 고난을 상기하라.
그리고 이제 모두 자신의 신뢰성을 증명하자.
우리가 겁쟁이가 되어,
땅 아래 누워 있는 고귀한 선조들을
부끄럽게 만들지 말자.

[……]
지금은 한 사람의 명령을 따를 때가 아니다.
[각자가 알아서 제 일에 충실할 때다.]

바다 위의 국가 2

나는 바람이 거는 싸움을 이해할 수가 없네.
한 번은 이쪽에서 파도가 들이치고
다음에는 저쪽에서 파도가 들이치네.

---

1) 레스보스의 정치 상황을 표현 것이라고 평가되고 있음.

알카이오스(Alkaios)

가운데에 끼어 있는 검은 배 안에서
우리는 이리저리 나뒹굴고 있네.

사나운 폭풍이 시련을 주네.
물이 차올라 갑판까지 넘치고
돛은 갈기갈기 찢어져 흩어지고,
밧줄은 느슨히 풀어지고
방향타는 제멋대로이네.
[……]

내 양다리는 밧줄에 감겨 있네.
이게 파도에 휩쓸리는 나를 구해 주었네.
그러나 화물은 모두 갑판에서 쓸려나가
바다에 둥둥 떠다니네.

추방지에서 1

나는, 가련하고 비참하게도,
보잘 것 없는 삶을 살고 있네.
의회가 소집되기만을 고대하네, 오, 아게실레다스[2]여,
그리고 위원회도.

나의 할아버지와 아버지가 자라고 늙어가며 소유했던
그 경작지로부터 나는 멀리 쫓겨났네.
함께 살던 시민들은 언제나 서로 헐뜯었지.

모든 일의 변방으로 추방되어,
오노마클레스[3]처럼, 나는 여기 혼자

---

2) Agesilaidas. 익명. 친구로 보임.

늑대—숲 가운데 거주하지.
…… 전쟁,
…… 에 대하여 저항을 포기하는 것은 비열한 짓이네.

…… 축복받은 신들의 땅에서 ……
…… 검은 땅을 밟으며 ……
…… 함께 ……
문젯거리들을 멀리 둔 채, 나는 살고 있네.

지금 여기 아름다움으로 뽑힌 레스보스 처녀들은
땅에 닿을 듯 긴 옷을 입고 춤을 추며,
올해의 축제에도 경이로운 목소리로
신을 찬양하는 노래를 사방에 울려 퍼뜨리네.

신은 언제 나를 이 큰 시련으로부터 구해 주려는지?

추방지에서 2

레스보스 사람들은
모든 사람을 위한 이 넓고 뛰어난 장소를 닦고
불멸의 신을 위한 제단을 놓았네.

그들은 제우스를 탄원을 들어주는 신으로,
모든 것의 어머니, 영광스런 여신4)을 아이올리아5) 여신이라 부르고,
그리고 세 번째 신, 산 제물을 먹는 디오니소스를 세멜레6)의 아들라고 부르네.

---

3) Onomakles. 실제 또는 전설 상의 은둔자로 보임.
4) 여신 헤라를 지칭함.
5) Aiolia. 소아시아 서북부 지역과 인근 섬들을 포함하는 지역.
6) Semele. 테베의 왕 카드모스의 딸로서 제우스와 사랑하여 디오니소스를 낳음.

자, 어서 우리의 기도를 친구의 마음으로 들어 주시고
우리를 추방의 고난과 고통으로부터 구해 주시기를.

우리 동지들이 히르하스[7]의 아들을 찾아가 복수하리라.
숭고한 맹세를 한 우리 동지들은 아직
누구도 배신하지 않았기 때문이네.
그러면 권력을 쥔 자들에게 죽임을 당해
땅 속에 흙옷을 덮고 눕거나,
우리가 그를 죽여
사람들을 고난으로부터 구해내게 되겠지.

그러나 이 배불뚝이[8]는 그런 생각을 하지 않네.
그는 맹세를 죄책감 없이 짓밟고
우리 도시를 황폐하게 만드네.

친구[9]의 배신

너는 한때 친구였지.
어린 송아지고기, 돼지고기를 함께 먹기 위해
서로 초대하곤 했지.
그것이 우리의 습관이었지.

---

7) Hyrrhas. 참주 피타코스의 아버지임.
8) 피타코스를 지칭함. 함께 미르질로스를 추방한 뒤 배신하여 알카이오스를 추방함.
9) 피타코스를 지칭함.

천한 피타코스10)

그들은 천하게 태어난 피타코스를
정신 나가고 운이 나쁜 이 도시의 참주로 내세웠지.
모두가 큰소리로 그를 칭송하여 [귀를 멀게 만들었지.]

지진

절대권력을 향한 참주의 포악함은
곧 이 나라를 부수어버리리라.
벌써 땅이 흔들리고 있다.

누가 우리의 적인가

그 리라는 아직 술 파티에 참가해
즐거움을 주려 열심히 연주하고 있구나.
천한 무리들과 향연을 열었구나.

그는 아트레우스11)의 종족 딸과 결혼하였지.
과거의 참주 미르질로스12)가 한 것처럼
지금은 그가 도시를 황폐화시키게 그대로 내버려두자.
마침내 전쟁의 신이 우리에게 무기를 들게 할 때까지는.

우리는 분노를 진정시키고,

---

10) Pittakos. 고대 그리스 일곱 현인 중의 한 사람.
11) Atreus. 미케네의 왕 펠롭스의 아들이자 탄탈로스의 손자. 조카의 살로 신들에게
   봉헌한 죄로 신들은 그와 그의 종족에게 저주를 내림.
12) Myrsilos. 독재정치를 한 그리스 참주.

정신을 물어뜯는 형제들끼리 당파 싸움은 멈춰야 한다.
이런 싸움은 어떤 올림포스 신들이 우리를 충동해 일으키는 거지만
시민들을 재앙에 빠뜨리고
피타코스13)에게만 부러운 영화를 가져다 줄 것이다.

소식

고향에 있는 멜라니포스14)에게 소식을 전해다오.
"알카이오스는 안전하단다.
그러나 아테네 여신이 준 그의 투구와 방패는
신전에 그냥 걸려 있단다.
눈동자 없는 여신상15)이 있는 그 신전에."

미르질로스의 죽음

우리 모두는 만취하였네.
그러니 버틸 수 있는 데까지 마셔 보세.
미르질로스가 죽었다네.

---

13) Pittakos. 사포와 동시대인으로 그리스 일곱 현인 중의 하나. 그는 레스보스의 참주였는데 알카이오스는 그에 대항하여 투쟁하였음. 사포와 알카이오스는 그에 의해 고향에서 추방되었음.
14) Melanippos. 익명. 알카이오스의 친구로 보임.
15) 신들의 조각에는 눈동자가 없는데, 이는 유한한 것을 보는 인간과 구별하기 위한 것임.

무장

높은 집들은 청동으로 번쩍거리네.
천정에는 빛나는 투구가 늘어서 있고, 그 아래에는
머리 장식용 흰 말 깃털이 바람에 흔들리네.
강한 화살과 창을 막기 위해 만든
밝은 청동 덮개가 걸개에 걸려 있네.
생아마로 만든 많은 갑옷들과
불룩한 방패들이 벽을 따라 쌓여 있네.
칼키디아16)의 철로 만든 칼은 번득이고
철갑 웃옷과 벨트도 그 곁에 쌓여 있네.
우리가 일어서서 맡은 임무를 시작할 때마다
이 무기와 장비들을 잊을 수가 없네.

도시와 성벽

아름다운 지붕이 있는 집도
견고한 돌로 만들어진 성벽도
배가 다니는 운하와 부두도
도시를 만들지 못하네.

오직 사람의 힘만이
그 일을 할 수 있네.

돌이나 목재도
목수의 기술도 할 수 없네.

오직 칼과 창을 쓸 줄 아는

---

16) Chalkidia. 고대 도시의 하나. 그리스와 적대적이었음.

용기 있는 사람만이
도시와 성벽을 가질 수 있네.

미숙한 정치 행위

너무 늦었어.
벌써 수확이 시작되었지.
예전에 우리는 풍성한 포도나무에서
좋은 포도를 많이 거두기를 바랐었지.
하지만 포도는 더디 익었고
농장 주인은 가지로부터 덜 익은 포도송이를 땄지.
그래서 우리는 지금
푸르고 시디신 포도를 많이 가지고 있지.

너무 늦기 전에

레스보스의 참주가 크게 고함을 쳐서
그대들은 죽은 자를 대하는 신성한 의식에 참석한
놀란 신참자 무리처럼 침묵을 지키는구나.

그러나 나는 이르노니,
레스보스의 시민들이여 일어나서
저 연기 나는 통나무를 꺼 주시기를
그 불꽃이 타올라서 여러분 모두를
큰 불로 소각해 버리기 전에.

동생[17]의 귀가

너는 땅 끝에서 돌아온 듯하구나.
너의 칼자루는 금과 상아로 장식되었구나.
너는 바빌로니아[18] 인과 한 편이 되어 싸워
큰 업적을 이루었다지.
그들을 위기로부터 용기 있게 구해 내었다지.
코앞에 있는 2미터가 넘는 거인을 베었다지.

돈

아리스토데모스[19]가 어느 날 스파르타에서
사악한 진실을 말하고 있는 걸 들었네.
"돈이 곧 사람이구나.
그래서 가난한 사람은 좋은 일을 할 수도
존경받을 수도 없구나."

개자리별

포도주로 네 목을 적셔라.
개자리별이 뜨면
지독한 여름이 시작된다.
작열하는 더위에
온 지상이 목마른다.

---

17) 동생 안티메니다스(Antimenidas)로 여겨짐.
18) Babylonia. 고대 동방 국가.
19) Aristodemos. 익명

매미는 무성한 나뭇잎 아래서
날개 아래로부터 높은 소리를 내어
즐겁게 노래를 부른다.
아티초크[20]는 만발하고
여자들은 거칠고 음탕해진다.
하지만 남자들은
개자리별이 그들의 머리와 무릎을 말리므로
야위고 무기력해진다.

야생 오리

도대체 이 새들은 뭐지?
땅 끝에서, 먼 바다에서 온 것 같구나.
얼룩진 목을 가진 이 야생 오리,
날개를 넓게 펴고 날아오르네.

헤브로스[21] 강

오, 헤브로스여, 강들 중에 가장 사랑스런 강이여,
아이노스[22]에서 발원하여
트라케를 소리 내며 지나고,
마침내 보랏빛 바다로 흘러드는구나.
거기 처녀들이 모여 부드러운 손으로 물을 떠서
아름다운 허벅지를 닦는구나.
성스러운 물이 향유처럼 그들에게 키스하는구나.

---
20) Artichoke. 국화과에 딸린 여러해살이 화초.
21) Hebros. 트라케 지방의 강.
22) Ainos. 트라케 근처의 큰 산. 또는 트라케를 직접 지칭하기도 함.

가난

완강하고 멈추게 할 수 없는 악인 가난이여,
너는 자매인 구제불능과 함께
힘 센 주인조차도 무능하게 만드는구나.

헤픈 여자

그대가 헤픈 여자에게 무얼 주는 것은
거품 이는 바다에 던져 넣는 것과 같다.
이 말뜻을 모르는 자는 내 말을 새겨들어라.
그대가 헤픈 여자에게서 위안을 얻을 때
그 말뜻이 드러나리라.
그대는 수치스러움과 저주받은 불행을 충분히 겪은 후
그것을 스스로 알게 되는 거다.

친구 멜라니포스[23])에게

멜라니포스여, 나와 함께 즐겁게 마시고 취하자.
네가 거대한 하계의 소용돌이치는 강을 건넌 뒤에
다시 하계로부터 돌아와
태양의 맑은 빛을 볼 수 있다고 생각하느냐?
그런 어리석은 꿈을 가지려 애쓰지 마라.
아이올로스[24])의 아들, 가장 현명한 인간인 시지포스[25]) 왕조차

---

23) Melanippos. 익명. 알카이오스의 친구로 보임.
24) Aiolos. 테살리 지방의 왕으로 시지포스의 아버지. 그의 딸 카나케와 아들 마카레우스는 근친상간을 범하고 자살함. 그들의 이야기는 에우리피데스의 전해지지 않는 작품 〈아이올로스〉의 주제가 됨. 그는 자신의 이름을 따서 소아시아 서해안에

죽음을 벗어났다고 생각했지만,
그의 영리함에도 불구하고
운명의 여신은 그가 아케론26)을 다시 지나가게 했으며,
크로노스27)의 아들, 제우스는 그에게 벌을 내려
지하세계에서 가공할 만한 시련을 겪도록 했지.

친구여, 이제 그런 희망은 내려놓아라.
우리가 아직 젊었을 때
신이 우리에게 허락한 모든 경험을 받아들이세.

치료약

불행한 일에 마음을 빼앗기지 말게.
우리가 고통으로부터 얻을 것은 하나도 없다네.
디오니소스여, 최고의 치료약은
포도주를 가져다 만취하는 것 아닌가요?

창문

포도주는 사람을 꿰뚫어볼 수 있는 창문.

있는 한 영토를 아이올리스라고 칭함.
25) Sisyphos. 지옥의 신 하데스를 설득해서 잠시 동안 하계에서 해방되었으나 다시 돌아가지 못했으므로 신의 사자 헤르메스에 의해 강제로 끌려감. 그는 큰 돌을 언덕 위로 끌어올리도록 벌을 받는데 끌어올린 돌은 언제나 다시 계곡으로 굴러 떨어짐.
26) Acheron. 죽은 영혼이 건너야 하는 지하세계의 다섯 강 가운데 하나.
27) Kronos. 제우스의 아버지.

취기

포도주가 정신을 혼미하게 만들면,
종종 우리는 목을 매달기도 하고,
자신을 책망하기도 하고,
내뱉은 말을 후회하기도 하지.
그러나 되돌리기엔 너무 늦었지.

삼인일조

포도주, 귀여운 소년, 진실은
손에 손을 잡고 함께 가네.

순번

네가 나무를 심을 거면
포도나무를 일순위가 되게 하라.
다른 나무들은 제 순번을 기다릴 거야.

소년 노예

소년 노예가
고민 많은 내 머리에 향수를 뿌려 주네.
그리고 털이 희여 가는 가슴팍에도.
우리가 술을 마실 때.

권주

등불이 켜지기를 기다리지 말고, 어서 마시세.
태양은 한 뼘밖에 남지 않았네.
이보게, 저기 큰 술잔 좀 내려주게, 멋진 거 말일세.
술은 우리의 근심걱정을 잊게 해주네.
제우스와 디오니소스가 인간에게 준 선물 아닌가?
포도주와 물을 이대일로 섞게나.
이렇게 술잔 끝까지 포도주를 가득 따르게나.
그리고 한 잔 한 잔 연거푸 들이붓게나.

술과 노래와 항해

너는 큰 술잔에 포도주를 더 따르는구나.
포도주 속에 네 목을 담글 작정이냐?
나는 네가 인생을 술과 노래에 탕진하도록
내버려둘 수가 없구나.
자, 바다로 가자. 그래서
잠에 빠진 양처럼
차고 고요한 아침이 몰래 지나가게 하지 말자.
우리가 새벽에 승선하여 방향타를 잡고
바람 속에 펄럭이는 가로돛을 매었더라면
지금 얼마나 행복하겠나.
마치 포도주 속에서 헤엄치듯.

그러나 너는 나른한 팔을
내 어깨 위에 걸치고 말하는구나.
"선생님, 베개처럼 아늑한 분이여,
당신의 노래가 나를 사로잡아
배로 나갈 수가 없습니다."

구조

제우스와 레다 사이의 강력한 아들이여.
펠롭스의 섬28)을 떠나, 여기로 와 주십시오.
카스토르29)와 폴리데우케스여,
친절한 마음으로 나타나 주십시오.

당신은 발 빠른 말을 타고
넓은 땅과 바다를 여행하고,
죽음의 차가운 손으로부터
쉽게 인간을 구조하지요.

멀리서 광채 속에 솟아올라,
난파된 배의 돛대 꼭대기 위에 서서,
폭풍과 어둠 속에 있는 검은 배에 빛을 주십시오.

헬레네30)와 테티스31)

사람들은 말하지. 헬레네여, 그대의 죄 많은 행적이
프리암32)과 그의 아들에게 쓴 종말을 가져왔다고.
신성한 트로이가 타오르는 불로 파괴되었다고.

---

28) 펠로폰네소스 반도, 즉, 스파르타 땅을 지칭함.
29) Kostor와 Polydeukes.. 스파르타 왕 틴다레오스의 왕비 레다가 제우스의 유혹에 빠져 낳은 쌍둥이 아들이 카스토르와 폴리데우케스이다. 형제애가 좋아서 제우스가 쌍둥이좌를 만들어 주었다. 탐험과 모험의 수호신으로 알려짐.
30) Helene. 제우스와 레다의 딸. 미모의 여인으로 스파르타 왕 메넬라오스의 아내. 트로이의 왕자 파리스에게 유혹되어 트로이로 가게 되고 이로 말미암아 트로이 전쟁이 일어남.
31) Thetis. 네레우스와 도리스 사이의 딸인 바다 요정. 그리스의 영웅 아킬레스의 어머니.
32) Priam. 트로이의 왕. 파리스와 헥토르의 아버지.

아이아코스33)의 아들은 그렇게 마음에 드는 처녀를 본 적이 없었지.
그는 축복받은 모든 신들을 결혼식에 초대하였고,
네레우스34)의 수궁으로부터 온 우아한 바다 요정 테티스를 데리고
켄타우로스35) 케이론36)의 산속 동굴로 데리고 갔지.
거기서 펠레우스37)는 손때 묻지 않은 처녀의 옷을 벗기고 사랑을 나누었지.

그래서 그녀는 가장 힘센 아킬레스38)를 낳았지.
가장 용기 있는 반신이며 황갈색의 종마를 모는 찬란한 기수를.
그러나 헬레네 때문에 트로이와 그 백성들은 파멸되었지.

심판39)

올바르지 못한 행동을 한 자는 수치스럽네.
사람들은 그의 목에 올가미를 걸고, 돌을 던지네.

아카이아40) 사람들이 아이아스41)의 신성모독을 벌로 다스려
사형에 처했으면 더 좋을 뻔했네.
그들이 에게 해를 지나 집으로 항해할 때

---

33) Aiakos. 제우스의 아들로 펠레우스의 아버지이자 아킬레스의 할아버지. 지하세계에서 정의의 사람, 재판관으로 알려져 있음.
34) Nereus. 바다의 신으로 에게 해를 지배함.
35) Centauros. 신화에 등장하는 반인반마의 동물.
36) Cheiron. 켄타우로스 중 가장 지혜로운 자. 의술, 음악, 예술, 사냥, 체육 등의 기술로 유명함. 헤라클레스에게 살해된 후에 사기타리우스별이 됨.
37) Peleus. 테살리아 지방 미르미돈 족의 왕.
38) Achilles. 펠레우스와 테티스 사이의 아들. 트로이 전쟁의 비극적 영웅.
39) 피타코스의 올바르지 못한 행위를 아이아스의 행위에 빗대어 고발한 시로 해석됨.
40) Achaea. 펠로폰네소스 반도 북부 아카이아 지방.
41) Aias. 그리스 장군으로 트로이 목마 속에 들어가 트로이를 함락시킨 후, 아테나 신전으로 피신한 카산드라를 욕보임. 사람들이 신성모독 죄로 그를 죽이려 하였으나 신상을 안고 있어 죽이지 못함. 화가 난 아테나가 제우스에게 부탁해 귀환하는 그의 배에 폭풍우를 일으켜 난파시킴. 간신히 살아 바위에 올랐으나 포세이돈이 삼지창으로 바위를 조각내는 바람에 익사해 죽음.

바다는 아주 잔잔했네.

그러나 프리암의 딸42)은 정복자 아테네 신전에서
신상을 잡고 턱을 만지며 트로이의 안전을 위해 기도했네.
적들이 그 도시를 점령할 때였네.

그리고 적들은 데이포보스43)도 죽였네.
큰 통곡이 벽을 넘어 올라왔네.
아이들의 울음이 다르다니아44) 평원을 가득 채웠네.

그때, 아이아스가, 완전히 미쳐,
팔라스45)의 신전 안으로 침입해 들어왔네.
신들 중 신성모독에 대해 가장 엄격한 신 아니던가?

그는 신성한 신상 곁에 서 있던 처녀46)를 두 팔로 잡았네.
그 로크리스47) 사람은 그녀를 끌고 밖으로 나갔지.
제우스의 딸, 전쟁의 여신을 두려워하지도 않고.

아테나의 찡그린 눈썹에는 무서움이 서리고
얼굴에는 격노가 가득 찼네.
그녀는 쏜살같이 포돗빛 바다로 달려 나가
어디에서도 본 적이 없는 폭풍을 일으켰네.

---

42) 트로이 왕 프리암의 딸 카산드라를 지칭함.
43) Deiphobos. 프리암의 아들로서 헬레네와 살고 있었음. 메넬라오스에게 살해당함.
44) Dardania. 트로이의 다른 이름.
45) Pallas. 아테나 여신의 별명.
46) 카산드라를 지칭함.
47) Lokris. 그리스 지방으로 아이아스의 고향임.

아폴론48) 찬가

전능한 제우스의 아들 아폴론이여,
당신이 태어났을 때
제우스는 황금 머리띠와 귀갑으로 만든 리라를
당신에게 선물로 주었습니다.
또한 백조가 끄는 전차까지도.

당신은 넓은 케피소스49) 강으로부터 물을 받는 카스탈리아50) 샘과 델포이51)로 가서
신탁을 통해
그리스 백성에게 정의를 행하도록 되어 있었습니다.

그러나 당신은 고삐를 잡자 백조를 몰아
먼 땅 히페르보레아52)로 날아갔습니다.
처녀들이 신전의 청동 제단을 돌며 원무를 추고
델포이 사람들이 플루트로 파에안53)을 연주하며
당신이 돌아올 것을 간청하였건만.

아폴로여, 당신은 오랫동안
그곳에서 사람들을 다스리고 있었습니다.
델포이의 종이 크고 맑게 울리던 계절에
당신은 백조를 돌려 파르나소스54)로 향했습니다.

---

48) Apollon. 제우스와 레토 사이의 아들. 아르테미스 여신과 쌍둥이로 태어남. 젊은 남성미와 문명화된 그리스 인의 이상적 모델. 의술, 음악, 태양, 궁술, 예언의 신.
49) Kephissos. 고대 그리스 중부의 보이오티아 지방에 흐르던 강. 강의 신이기도 함.
50) Kastalia. 아폴론에게 쫓기어 파르나소스 산의 샘에 몸을 던진 요정. 그 샘은 그 후 아폴론과 뮤즈에게 바쳐짐.
51) Delphi. 아폴론 신전이 있던 고대 그리스 성지. 연극과 종교, 체육 행사의 중심지.
52) Hyperborea. 북풍이 부는 너머 언제나 해가 빛나는 땅. 시인은 가장 북쪽 지방이라는 의미로 사용.
53) Paean. 아폴론을 찬양하는 음악.
54) Parnassos. 그리스 중부 지방에 자리한 산으로 아폴론과 뮤즈가 거주한다고 여겨짐.

당신이 먼 북쪽 땅으로부터 돌아온 때는
여름의 정오였습니다.
제비와 나이팅게일이 노래하고
매미도 당신을 향해 노래했습니다.
카스탈리아로부터 은빛 시내들은 흘러내리고

거대한 강 케피소스는
푸른 포말이 이는 물결을 바람 속에 던졌습니다.
정말이지, 물조차도 당신의 귀환을 반겼습니다.

디오스소스에게 바쳐짐.

알카이오스(Alkaios)

사포(Sappho)

사포는 BC 612년경 레스보스 섬의 작은 마을 에레소스의 귀족 가문에서 태어났고, 그녀가 시적 재능을 꽃 피우던 시기에 큰 도시인 미틸레네로 이사 갔다. 사포는 작고 가무잡잡하며 교양이 있었다고 한다. 처녀가무단에 가입하여 음악과 시를 배웠고, 성장하여 자신의 가무단을 조직하여 활동하였다. 참주 피타코스에 의해 BC 596년경에 당시의 혁명시인 알카이오스 등과 함께 그리스 식민지였던 시칠리아로 추방당하였다. 사포가 혁명 운동을 하였기 때문이 아니라 그의 가족(또는 남편이) 관련되어 있거나 또는 알카이오스와 친분이 있었기 때문이라고 추정되고 있다. 거기서 케르킬로스(Kerkylos)와 결혼하였고 딸 클레이스(Kleis)를 낳았다. 30세에 과부가 되어 딸 클레이스와 함께 미틸레네로 돌아오게 되는데, 이때 그녀의 명성은 이미 그리스 전역에 널리 알려져 있었다. 미틸레네에서 다시 처녀가무단을 조직해 활동하였고 재혼은 하지 않았다. 파온(Paon)이라는 청년을 사랑하였는데 받아들여지지 않자 레우카스 절벽에서 바다로 투신해 죽었다는 전설이 전해진다. BC 550년경 55세의 나이로 죽은 것으로 추정된다.

  사포의 시의 특징은 감정의 격렬함과 솔직함, 외부세계와 내면세계의 정확한 관찰과 분석, 절묘한 언어 선택과 절제, 단순하면서도 극적인 구성에 있다. 그의 언어는 당시 레스보스 섬의 이오니아 체이다. 사포 시의 주요 주제는 사적 인간관계였다. 현재 남아 전해지는 시는 크게 네 가지로 분류될 수 있는데, 여제자들과의 사랑이나 추억을 그린 시, 이성에 대한 사랑과 결혼을 노래한 시, 중년 시절의 가족에 대한 시, 말년에 죽음과 인생에 대한 시이다. 고대인의 사포 시에 대한 평가는 호메로스와 비견될 만큼 대단한 것이었으며 사포 자신도 큰 자부심을 가지고 있었다. 로마 시인들 역시 사포를 존경하였는데, 카툴루스는 그의 애인 이름을 레스비아(Lesbia)라고 불렀다. 호라티우스와 오비디우스 같은 시인들은 사포의 시를 모방하였다.

  사포는 피타코스, 알카이오스와 같은 시대 사람이며, 하나의 놀라움이다. 역사가 시작된 이래 어떤 의미에서건 시인으로서 그녀와 비교될 만한 여성은 없다.

스트라본, <지리학>

아홉 명의 뮤즈가 있다고 전해지네.
그러나 그들은 레스보스의 사포를 잊고 있네.
열 번째 뮤즈를.

플라톤

마비

오 사랑하는 어머니,
더 이상 베를 짤 수 없습니다.
달콤하고 상냥한 한 젊은이를
열렬히 그리워하도록
날씬한 아프로디테가
나를 꾀어 버렸어요.

조우

그대가 나를 찾아와 부르는
노랫소리에 이끌려
나 여기 있노니
말해다오, 가까이 다가와서
그대 아름다움에
벙어리 된 나를 풀어다오.

그대 집 근처를 걷고 있을 때
그대는 나를 발견했었지.
내 지금 바라노니
그대 여자 친구들을 돌려보내다오.
그리고 신들이 정해 놓은 운명대로
나와 사랑을 맺기를.

아프로디테의 송가[1]

금빛 찬란하게 눈부신 여왕 아프로디테여,
제우스 신의 지혜로운 딸이여,
당신에게 간절히 바라노니
제가 더 이상 고난과 절망 속에서
한탄하거나 슬퍼하지 않게 해주십시오.

지금 저에게 급히 오셔서 도와주십시오.
그 옛날 당신이 저의 슬픈 노래에
자비롭게 귀 기울여 주었듯이,
황금으로 만든 제우스 신의 성전으로부터
빛나는 수레를 타고 즉시 제게 와주었듯이.

수레엔 아름다운 목소리로 노래하는 새들을 묶어
빛으로 가득한 창공을 지나
이 어두운 대지 위로 저를 찾아오셨습니다.

당신은 제 앞에 신비한 모습으로 나타나
불멸의 얼굴엔 미소를 가득 담으시고
인자한 모습으로 물으셨습니다.
"무엇이 잘못되었느냐,
내가 무엇을 도와주어야 하느냐?

페이토[2]가 네 품안에서 누구를 빼앗아 갔느냐?
어떤 아름다운 처녀가 너를 거절하더냐?
사포여, 너의 마음은 아프겠지만

---

1) 사포의 시 중에서 유일하게 손상되지 않고 완벽하게 남아 있는 시이다. 여기서 키프리스는 아프로디테를 가리킨다. 사랑과 미, 바다의 여신인 아프로디테가 키프로스 섬의 파포스 섬이나 또는 키테레이아 섬 근처 해변의 거품에서 태어났다고 하여 붙여진 별칭임.
2) Peitho. 유혹의 신으로, 아프로디테의 수행자.

네가 원하는 그녀가 그냥 떠나게 내버려둬라.

그녀는 비록 오늘 네 곁을 떠나지만
곧 다시 네게로 돌아오리라.
그녀는 너의 선물을 거절하지만
스스로 너에게 선물을 주리라.
그녀가 오늘은 냉정하지만, 어쩔 수 없이
곧 너를 사랑하게 되리라."

키프리스여,
고통의 늪에 빠진 저를 보시고
구해줄 수 있다면
제게 말하십시오, 망설이지 말고.
제가 사랑을 위해 인내할 수 있게 도와주십시오.

에로스

나는 지금 가슴속에 새겨진
또렷한 얼굴을 보고 있네.

아름답고
빛나는 얼굴

사랑에 의해
조각된.

사랑의 폭풍

산속 떡갈나무를 휘몰아치는
폭풍처럼
사랑은
내 마음을 흔들어 놓네.

아티스3)에게

"사포여, 만약 그대가 만나주지 않는다면
나는 더 이상 그대를 사랑하지 않으리라 맹세합니다.

오 잠에서 깨어 일어나
우리 앞에 환히 나타나 주십시오.
키오스의 잠옷을 벗고
클레이스4)는 노란 블라우스와 보랏빛 가운을 준비하고
우리는 그대에게 새로운 망토를 입히고
머리에는 꽃으로 만든 화환을 얹을 것입니다.

사포여, 어서 오십시오.
우리를 놀라게 하는 아름다움으로
프락시노아5)는 우리의 아침식사로 밤을 굽고 있습니다.

한 분의 신이 우리와 함께 합니다.
왜냐하면 오늘, 가장 아름다운 여인 사포가 우리와 함께
하얀 도시 미틸레네6)로 떠나가기 때문입니다.

---

3) Atthis. 사포가 가장 사랑했다고 알려진 여제자. 매우 아름다운 처녀로 묘사됨.
4) Kleis. 사포의 딸.
5) Praxinoa. 사포의 여제자.
6) Mytilene. 사포의 고향인 레스보스 섬의 도시.

딸을 거느린 어머니처럼."

나의 사랑하는 아티스,
그대는 지난날 내게 한 말들을 잊었는가?

떠나는 아티스에게

너는 슬피 울면서
나를 떠나며
"아, 이 얼마나 큰 불행인가.
사포여, 나는 어쩔 수 없이 당신을 떠나야 합니다."라고 말했을 때
나는 정말 죽고 싶었네.

그러나 나는 대답했지.
"가서 행복하게 잘살아.
그리고 날 기억해줘
우리가 얼마나 잘해주었는지.
너는 알 거야. 아니라면 지난날 우리가 함께 했던
그 아름다운 추억들을
너에게 기억시켜주고 싶어

너는 제비꽃과 장미꽃으로 화환을 만들어
내 곁에 수를 놓아주고
나는 향기로운 꽃목걸이를 만들어
부드러운 네 목에 걸어주었지.

부드러운 침대 위에서
팔과 다리에 향기로운 향유를 발라주었을 때
섬세한 너의 욕망은 만족했었지.

우리가 함께 추어보지 않은 춤은 없었고
가보지 않은 신성한 사원도 없었지.

그리고 함께 불러보지 않은 노래도 없었고
가보지 않은 숲속도 없었지."

질투7)

그는 생명을 가진 인간이지만
내게는 신과도 같은 존재.
그가 너와 마주앉아
달콤한 목소리에 홀리고
너의 매혹적인 웃음이 흩어질 때면

내 심장은 가슴속에서
용기를 잃고 작아지네.
흠칫 너를 훔쳐보는 내 목소린 힘을 잃고
혀는 굳어져
아무 말도 할 수 없네.
내 연약한 피부 아래
뜨겁게 끓어오르는 피는
귀에 들리는 듯
맥박 치며 흐르네.
내 눈에는 지금 아무것도 보이지 않네.

온몸엔 땀이 흐르고
나는 마른 잔디보다 창백하게
경련을 일으켜

---

7) 일명 <아티스를 위한 노래>라고 불림.

죽음에 가까이 다가가는 것 같네.

하지만 모든 것을 견뎌야 하지……

사르디스의 아나크토리아[8]는 너를 사랑하고 있어

지금은 비록
멀리 사르디스에 살고 있지만
아나크토리아는 언제나 우리를 그리워하고 있어.

그녀가 우리 곁에 있을 때는
여신과도 같은 너의 모습을 부러워했지.
너의 노래는 항상 그녀를 기쁘게 했어.

지금 그녀는 리디아 여인들 중에서
가장 아름답게 빛나고 있어.
마치 해가 서산에 기운 후
붉은 손을 가진 달이 올라
주변의 별들을 제압하며
소금기 가득한 바다 위와
꽃이 만발한 들판 위에
고르게 그 빛을 뿌릴 때처럼,

이슬방울이
활짝 핀 장미꽃과 부드러운 백리향
그리고 꿀처럼 달콤한 연꽃 위에

---

8) Anaktoria. 사포의 여제자. 그녀는 군인과 결혼하여 리디아(오늘날의 터키 지방)의 수도인 사르디스에 살았다. 이 시는 아나크토리아가 아티스를 그리워하는 모습을 그리고 있다. 한때 안드로메다에게 갔다가 다시 사포에게 돌아온 걸로 보임.

아름답게 흘러내리듯이.

그녀는 무척 방황하고 있어.
다정한 아티스, 너를 잊지 못하고
그리움에 가슴 아파하고 있어.

저녁마다 그녀는 외치고 있어……

아나크토리아를 위한 노래

어떤 사람은 기병대가
어떤 사람은 보병이
또 다른 많은 사람들은 전함이
이 검은 땅에서 가장 멋지다 하네.
그것은 사랑하기 때문이라고 나는 생각하네.

사람들은 저마다 편하게 생각하기 나름.
이 세상에서 가장 아름다운 헬레네조차도
멋진 남자인 남편을 버리고
트로이로 배를 타고 떠나가
사랑하는 자식과 부모조차 잃어버리지 않았던가?
그녀는 아프로디테의 명령만이 성스러워
스스로 유혹된 것이 아닌가?

나 역시 아프로디테에 빠져
지금은 멀리 있는 아나크토리아를 그리워하네.

그녀의 귀여운 발걸음과 발랄한 얼굴은
리디아의 전차와 무장한 보병보다도
나에게는 한없이 소중하고 황홀해 보이네.

아프로디테의 사원에서9)

크레테10)를 떠나
여기 신성한 사원에 있는 제 앞으로 오십시오.
사과나무들은 멋진 숲을 이루고
제단 주위에는 맑은 향이 피어오릅니다.

시원한 샘물은 사과나무 가지 사이로 흐르고
장미는 곳곳에 그늘을 드리우고,
흔들리는 잎새들은 나른한 졸음을 선사합니다.

말들은 초원 저편에서 풀을 뜯고
활짝 핀 꽃들의 향기가 바람을 타고
공중에 흩어집니다.

사랑의 여신이여, 지금 우리 앞에 나타나
저의 꽃다발을 받으시고
하늘의 기쁨을 우리가 마시도록
황금 술잔에
가득 채워주시길.

경쟁

나는 잃고
너는 얻고,
안드로메다11)여,
너는 멋진 승리를 하였구나.

---

9) 일명 <항아리 위의 노래>라고 불림.
10) Krete. 그리스 반도 남쪽의 섬으로 미케네 문명의 중심지.
11) Andromeda. 사포의 경쟁자. 그 외에 고르고가 있음.

처녀

가장 높은 나뭇가지 끝에서 익어 가는
달콤한 사과처럼
과일 따는 사람에게서 잊혀진
아니, 잊혀진 게 아니라
감히 팔이 닿을 수 없는,

양치기 발에 짓밟힌
산속의 히아신스처럼
비록 땅에 쓰러졌어도
보랏빛 꽃을 피우는.

신방을 위한 노래

가장 아름다운 장식을 한 처녀여,
너는 오늘 마침내 신부가 되는구나.
너의 장밋빛 뺨은 온통
사랑으로 충만하구나.
오라, 우리는 너를 이제
신방으로 데려가리니
지금 너는 너의 신랑과
사랑을 나누도록 허락되었다.
헤스페로스12)는 마침내
은빛 왕관을 쓴 헤라13) 여신에게 인도하여
사랑의 기쁨과 행복을 발견케 하리라.

---

12) Hesperos. 저녁 때 서쪽 하늘에 보이는 금성, 태백성.
13) Hera. 제우스의 아내이며 결혼의 신.

신방의 문지기

문지기의 발은 14자나 되어서
신발 하나 만드는 데 5마리 소가죽이 필요하고
구두장이는 10일 동안 열심히 일을 해야 되네.

이별

그때 나는 아름다운 처녀를 보며 말했지.
"네가 늙으면
우리 젊어 함께 지낸
그 화려했던 많은 날들을
기억할 수 있을까?

우리는 순수하고 아름다운 사랑을 나누었지.
이제 네가 도시를 떠나려 하니
날카로운 사랑의 고통이 비수처럼
내 가슴을 찌르는구나."

세월

[······]
나의 피부는 이미 늙어 주름지고
검던 머리카락은 희게 변하였구나.
멋지게 춤추고 노래하였건만
힘없는 무릎은 이제 나를 지탱하지 못하는구나.
그러니 내가 어쩔 수 있단 말인가?

불행하게도 이젠 돌이킬 수 없구나.
장밋빛 팔을 가진 에오스14)조차도
사랑하는 남편을 구할 수 없었고,
티토노스15) 역시 젊게
사랑하는 아내 곁에 머물려 하였건만
몸은 약해지고 줄어들어 의미 없는 소리만 들려주는구나.
나 또한 계속 늙어가지만
나는 화려하고 찬란한 것을 사랑하네.
이것만이 나의 몫이요,
태양신처럼 빛나고 아름답게 여기는 것이라네.

마지막 찬사

나의 젖꼭지에서 젖이 마르지 않고
나의 자궁이 아직 어린아이를 기를 수 있다면
나는 두려움 없이
신방의 침대 속으로 들어가겠습니다.

그러나 세월은 내 피부를 말려 주름을 만들고
사랑은 이제 정열적이지 못해
내 육체는 기쁜 고통의 선물에 사로잡힐 수 없습니다.

그러나 우리는 찬미의 노래를 부릅니다.
짧은 가슴에 제비꽃 향기를 품고 있는

---

14) Eos. 새벽의 신.
15) Tithonos. 트로이의 왕 라오메돈의 아들이며, 프리아모스의 형제이다. 에오스가 이 미소년을 사랑하여 동방의 선경인 아이티오페스로 데리고 가서 에마티온과 멤논을 낳았다. 에오스는 제우스에게 청하여 티토노스를 불사의 몸으로 만들었으나, 불로의 몸으로 만들어 주는 것을 깜빡 잊었다. 티토노스는 점점 늙어가고, 에오스는 늙어가는 티토노스를 방에 가두어 놓고 꿀을 먹여 살아가게 하였다. 점점 늙어서 몸을 가눌 수 없을 정도로 쇠약해지면서도 계속 지껄이다가 마침내 매미가 되었다.

아름다운 신부를 위해

신의 아들

황금은 신의 아들이다.
좀도 벌레도
그것을 먹지 못한다.
황금은 어떤 강한 남자의 용기보다도
힘이 있다.

솔론(Solon)

아테네 귀족 정치의 일원으로 BC 640년경 태어나 BC 560경에 죽었다. 정치가, 행정가, 법률가, 군인, 상인, 여행가, 시인 등으로 다양하게 사회 활동을 하였다. 정치가나 사회개혁가로서의 명성이 높지만, 그의 시도 상당한 정도의 상상력과 설득력을 지닌 것으로 평가받는다. 저자를 확인할 수 있는 최초의 아테네 문학이라고 알려진 그의 시는 BC 600년 이전부터 쓰여지기 시작한 것으로 보인다. 이때 살라미스를 재정복하는 것에 대해 경고하는 비가를 썼다. 그에게 일어난 생애 중 가장 주목할 만한 일이며, 그의 현존하는 시의 주제는 아테네의 사회개혁이다. 토지를 가진 지주와 땅이 없는 소작농―이들 중 다수는 부채로 말미암아 노예가 됨―사이의 분쟁에서 그는 중립적 입장을 견지하였다.

BC 594~3년에 그는 통치자인 아르콘으로 선출되어 막강한 권한을 가지고 내란을 막기 위해 사회적 제도적 개혁을 수행하였다. 그는 부채를 탕감해주고, 아레이오파고스의 귀족 위원회에 대응하는 400명으로 구성된 위원회를 만들어 각 시민 계급의 정치적 입장을 대변하게 하였다. 법을 제정한 후—그래서 그의 이름은 법제자와 동의어로 사용됨—10년간 그 법을 개정할 수 없도록 하고 그 기간 동안 외국 여행을 하였다. 그의 중용정책은 양측의 환영을 받지 못하고 결과적으로 효과 없이 끝났다. 그러나 평민의 지지를 받는 참주의 통치 아래서 아테네는 BC 6세기를 안정 속에 지냈다. 이후 참주의 지배 아래서도 그의 개혁의 실질적 내용의 많은 부분이 유지되었으며 통찰력과 분별력이 있는 솔론의 정신은 후에 아테네 민주정치의 밝고 값진 모범이 되었다.

그의 시는 비가와 이암보스 형식이 주종을 이룬다. 시의 내용은 정치적인 것, 윤리적인 것, 명상적인 것이 있고, 몇몇은 즉흥적이고 에로틱하다.

솔론의 법에는 3가지의 매우 민주적인 면이 있다. 첫 번째이며 위대한 것은 사람에게 대부를 금지한 것, 둘째 잘못을 저지른 사람이 구제받을 수 있도록 권리를 부여한 것, 셋째 다른 무엇보다도 인권을 강화한 것인데, 법에 호소할 수 있는 권리를 준 것이다. 투표의 주인이 된 백성은 법의 주인이 된 것이다.

아리스토텔레스, <아테네의 법>

지도자를 선출할 때

만약 그대가 자신의 잘못에 의해 불행과 피해를 겪고 있다면
조금도 신에게 불만을 돌리지 마라.
그대가 자질 없는 자에게 권력을 주고 높여주었으니
그대는 스스로 비참한 노예의 운명을 짊어지게 되었다.
그대의 문제는 모두가 여우의 발자국을 따라가다 생긴 것이다.
대중들의 생각은 공기처럼 얄팍한 것이어서
그대는 교활한 자의 혀끝에서 나오는 말만 보았지
그가 숨긴 행동을 보지는 못하였구나.

변호

흩어진 시민들을 다시 하나로 모으려는
나의 목표를 멈추지 않고 수행하였네.
시간이 흘러 심판의 날이 다가오면
올림피아 제신들의 위대한 어머니인 거룩한 대지가
무엇보다도 먼저 나를 위한 증인이 될 것이네.
나는 한때 수많은 채무증서로 묶이고 얼룩진 대지를
속박에서 풀어 자유롭게 하였네.
그리고 나는 이 성스러운 땅 아테네로
팔려 나간 사람들을 다시 데려왔네.
어떤 이는 합법적으로, 어떤 이는 불법적으로 팔려갔네.
어떤 이는 부채를 갚지 못하는 어려움에 도망갔네.
이들 중 많은 이가 세상에 흩어져 떠돌며 아테네 말을 하지 못하고
어떤 이는 노예의 수치를 쓰고
두려움에 떨며 주인의 기분을 맞추고 있지.
나는 이들을 자유롭게 만들어주었네.
법률적인 힘과 정의를 하나의 무기로 삼아서
내가 약속했던 방식대로 그런 일들을 하였네.

높은 자에게나 낮은 자에게나 정의에 따라 공평하게 적용되도록
각 경우에 맞는 법조문을 작성했네.
나쁜 의도를 가지거나 재산 욕심이 많은 다른 사람이
나 대신 권력을 쥐었더라면
그는 백성을 통제하지 못했을 것이네.
만약에 내가 반대자들의 의견을 받아들였거나
또는 반대자의 적들이 바라는 바를 도리어 들어주었다면
이 도시는 모든 시민들을 잃은 과부 상태가 되었을 것이네.
그래서 사냥개 무리에 에워싸여 빙빙 도는 늑대처럼
나는 여기저기 사방을 경계하고 싸운 것이네.

비난

나는 많은 사람들이 비난하는 것을 알고 있네.
"솔론은 참 바보 같은 친구야. 앞날을 생각할 줄 모르는 친구지.
신이 그에게 행운을 주었지만
그는 그걸 받아들이지 못했지.
그물로 먹이를 포위하고도 그물을 제대로 닫지 못했어.
의심의 여지없이 정신 나간 거야. 상식도 없고 말이야.
내가 만약 권력을 잡고 도시의 많은 재화를 움켜쥐고
단 하루만이라도 아테네의 통치자가 되었다면
나는 괜찮겠네.
비록 나중에 나를 껍질 벗겨 포도주 푸대를 만들거나
우리 가족을 다 쓸어버린다고 해도."

독재의 징조

우박과 눈보라는 구름에서 비롯하고

천둥은 번쩍이는 번갯불에서 비롯하네.
지위 높은 사람들은 도시를 파괴하고
독재자는 백성들의 무지를 빌미 삼아
그들을 노예로 삼네.
그러니 지금이 그 징조를 읽을 시간이네.
한 사람이 너무 높이 올라가고 나면
그를 통제하기 어려워지네.

포코스[1]에게

만약에 내가 독재와 잔인한 폭력을 사용치 않고 조국을 구해서
명예로운 이름에 오점을 남기지 않았더라면
나는 지금 떳떳할 텐데.
그랬다면, 나는 더 많은 시민들의 호응을 얻었을 텐데.

합의

그래서 시민들과 지도자는 의견 일치했네.
권력은 너무 방임해도 안 되고 너무 통제해도 안 되네.
또한 의도가 건전하지 못한 부자들에게만 관심을 준다면
넘치는 재산으로 교만만을 낳게 할 뿐이네.

---

1) Phokos. 익명

7년 단위로 본 인생

어린애는 젖니를 기르다
7살이 되면 모든 치아를 가네.
14살이 되면 신은 성장의 표시를
그의 몸에 드러내게 하네.
셋째 7년 동안은 팔다리가 굵어지고 턱수염이 나고
피부에선 성년의 티가 나네.
넷째 7년 동안 사람은 힘이 절정에 달하고
자신의 탁월성을 한껏 드러낼 일을 찾네.
시간이 지나 다섯째 7년이 되면
사람은 결혼과 장차 대를 이을 자식을 생각하네.
여섯째가 되면 사람의 정신은 충분히 원숙하여
불가능한 일을 시도하지 않네.
일곱 째 여덟 째 14년 동안 사람은
지혜와 말솜씨가 최고조에 이르네.
아홉째 동안도 아직 많은 일을 할 수 있지만
말과 생각은 훨씬 무디어지네.
죽음이 올 때 지나간 70년을 모두 헤아려보면
죽음은 그리 빨리 오는 것은 아니네.

부와 죽음

비록 손에 가진 것은 없을지라도,
때가 되어 젊음과 힘을 누리고
아름다운 여인과 사랑을 하고
배와 허리, 손발이 편안한 사람은,
충분한 금과 은, 광활한 밀밭,
많은 말과 노새를 가진 사람처럼 부유하네.
그 모든 재화는 부질없는 것이네.

어느 누구도 자신의 소유물을 가지고 저승에 갈 수는 없네.
아무리 많은 몸값을 치러도
다가오는 불쾌한 병마와 흉악한 늙음,
그리고 죽음으로부터 달아날 수는 없네.

부와 미덕

사악한 많은 사람들이 부유한 반면
선량한 많은 사람들은 가난하네.
그러나 우리는 미덕과 재화를 바꿀 수 없네.
미덕의 명성은 오래 지속되지만
재화는 손에서 손으로 돌고 돌아
다른 사람의 것이 되네.

행복의 조건

그러나 지금 나는
사랑, 포도주, 노래의 신들을 좋아하네.
그들이 인간 행복에 기여한 것을 알고 있네.

시인

시인은 너무나 많은 거짓을 말하네.

인간

죽을 수밖에 없는 인간은
모두가 불행하네.
태양이 바라보는
지상의 모든 사람은 불쌍하네.

행복한 사람

자신의 아들, 사냥개, 말,
그리고 먼 곳으로부터 온 친구,
이 모두를 가진 사람은 행복하다.

청춘

젊음의 기쁨이 꽃 필 때
우리는 처녀를 사랑하게 되네.
달콤한 입술과 넓적다리를 갈망하네.

지혜

모든 일에 있어서 열쇠가 되는
지혜는 감추어진 공식이네.
비록 찾아내기가 가장 힘든 것이지만.

뮤즈에의 기도

제우스와 기억의 여신 사이의 빛나는 딸이여,
피에리아2)의 뮤즈여, 저의 기도에 귀 기울여 주십시오.
축복 받은 신들이 저에게 행운을 주게 하시고
항상 모든 사람들로부터 좋은 평판과 명예를 얻게 해 주십시오.
친구들에게는 다정하여 존경받고
적들에게는 혹독하여 보자마자 떨게 해 주십시오.
저는 부당하게 재화를 얻기 바라지 않습니다.
분명히 언젠가는 응징을 받기 때문입니다.
신은 재화를 저장 단지의 바닥부터 높이까지 각자에게 달리 채워주는데,
불의로써 억지로 얻으려 하면 죄를 부르게 됩니다.
죄는 불과 같이 처음에 작게 시작하지만 나중에 커져서
결국 재앙에 빠지고 통탄하게 됩니다.
왜냐하면 인간의 불의는 오래갈 수 없기 때문입니다.
제우스는 우리의 모든 것을 감시합니다.
그는 삼월의 바람처럼 갑자기 구름을 쓸어가 버리고
돌풍으로 바다를 휘저어 자신의 침실에까지 끌어올리고,
하늘에 있는 신의 식탁에 올리기도 전에
말끔한 밀밭을 유린하기도 합니다.
그리고는 하늘을 다시 깨끗하게 만들어
강렬한 햇빛은 아름답고 풍요로운 들판 위에 내리쬐고
구름 한 점 보이지 않게 합니다.
제우스의 형벌은 그러합니다.
그는 인간처럼 어떤 하나의 모욕에 화를 내지 않으나
항상 누구의 마음속에 사악한 죄가 일어나는지 알며
나중에 결국 그렇게 드러나게 됩니다.
어떤 이는 바로 대가를 지불하고, 어떤 이는 나중에 지불하는 바,
신이 준 운명을 스스로 벗어났다 해도
언젠가 분명히 지불하게 될 것입니다.

---

2) Pieria.. 마케도니아 중부 지방으로 남쪽에 올림포스 산이 있음.

결백한 이는 자식이나 후손이 혜택을 볼 것입니다.
신분이 높은 자나 낮은 자나 인간은 불행을 당하고 나서야
각기 헛되게 살아온 것을 깨닫게 됩니다.
그러나 그때까지는 공허한 희망 속의 기쁨에 탐닉합니다.
중병에 시달리는 사람들은 건강이 회복되기를 생각하고
겁쟁이라도 스스로를 용기 있는 사람이라고 믿고 살고,
못생긴 사람도 스스로 잘난 외모를 가졌다고 자부심을 갖고
가난한 무일푼도 큰 재화를 모으는 환상을 가지고 있습니다.
그리고 사람들은 각기 다른 방법으로 부산합니다.
어떤 이는 무역으로 돈을 벌어 귀향하려고
폭풍에 이리저리 떠밀리며, 아래서 물고기가 기다리는 바다 위를
헤매고 다니느라 삶도 팔다리도 쉴 틈이 없습니다.
어떤 이는 쟁기로 땅을 갈아 수확의 계절이 올 때까지 노예처럼 일합니다.
어떤 이는 전사가 되어 나가고
어떤 이는 대장장이가 되어 생계를 꾸려 나갑니다.
어떤 이는 뮤즈의 혜택을 입어 사랑스런 시를 쓰는 재능을 갖추고,
어떤 이는 아폴론 신의 도움으로 예언자가 되어
미래에 닥칠 재앙을 미리 보기도 합니다.
이것은 신이 그를 선택한 일이기 때문에,
누구도 그 전조를 알 수 없고 운명을 피할 수도 없습니다.
또 어떤 이는 약에 정통하여 파에온3)의 일터에서 의사가 되는데,
그들은 치료 결과를 보증할 수가 없습니다.
종종 작은 상처가 커져서 약한 약으로는 치유할 수 없게 되고,
어떤 경우에는 끔찍한 병에 난리를 치다가도 의사의 손에 쉽게 낫습니다.
신이 인간에게 주는 운명은
좋은 것이든 나쁜 것이든 피할 수가 없습니다.
그리고 인간이 겪는 모든 일에는 위험이 따릅니다.
어떤 일을 처음 시작할 때, 그것이 어떻게 끝날지 알 수 없습니다.
어떤 이는 고귀한 노력을 기울이지만, 그럼에도 불구하고

---

3) Paian. 호메로스의 시에 치료의 신으로 나옴. 아폴론도 의술의 신이지만, 여기에서는 구별됨.

예측하지 못한 재앙에 굴러 떨어지기도 합니다.
어떤 이는 나쁜 짓을 하지만, 그 어리석은 짓의 결과와는 동떨어지게
신이 그에게 완벽한 성공을 주기도 합니다.
그러나 재화에 관해서는 어떤 한계가 분명하게 그어지지 않아서
가장 많은 부자가 두 배로 불리려 하고 있습니다.
누가 그들을 만족시킬 수 있을까요?
기억합니다. 이익은 신들이 주는 선물이고,
손실의 근원은 사람의 자신인 것임을.
그러나 제우스가 그들에게 형벌을 내릴 때마다
그것들은 다시 돌고 돌게 됩니다.

죽음

나는 비통해하지 않으며
죽음을 맞으리.
그러나 나의 친구들은 나의 죽음을 슬퍼하고
울어주기 바라네.

준법

그대는 나라의 법을 따라야 한다.
그대가 옳다 그르다 어찌 생각하든지.

포킬리데스(Phokylides)

BC 6세기 전반에 솔론, 밈네르모스와 동시대인으로 살았고 밀레토스의 시인으로서 짧고 날카로운 풍자시를 썼다. 그의 특별한 점은 그의 이름으로 시작하는 일련의 처세훈을 다룬 시를 썼다는 점인데, 시 속에다 스스로 작자를 밝혀 자부심을 드러내는 것은 개인의식의 새로운 자각으로 볼 수 있다. 시 속에는 인간과 사회에 대한 강한 풍자성이 엿보인다. 그는 비가보다는 강약약격(Dactylic)의 6음보 시를 많이 썼다.

헤시오도스, 테오그니스, 포킬리데스의 시를 음미해보면 누가 이제까지 알려진 사람 중 인생사의 가장 훌륭한 조언자인지 분명해지리라.

이소크라테스, <니코클레스(Nikokles)에게>

지도자

포킬리데스는 또한 이렇게 말했다:
절벽 가장자리에 세워진 작은 도시이지만
좋은 지도자가 들어서니
정신 나간 니네베[1]보다 훨씬 강력하구나.

나쁜 사람들

포킬리데스는 또한 이렇게 말했다:
레리아[2] 사람들은 나쁘다.
하나가 아니라 모두 나쁘다.
프로클레스만 빼고 다 나쁘다.
그런데 프로클레스도 레리안이다.

묘약

포킬리데스는 또한 이렇게 말했다:
말씨도 아무에게도 기쁨을 주지 못하고
성격도 아무에게도 기쁨을 주지 못하는 사람을 위해
도대체 무슨 좋은 묘약이 없을까?

---

1) Nineveh. 아시리아 제국의 수도.
2) Leria. 어떤 지방 이름으로 여겨짐.

아내를 고르는 어려움

아내라는 족속에는 네 종류가 있는데,
꿀벌족, 돼지족, 개족, 갈기를 가진 억센 암말족이 그들이다.
암말족은 건강하고 빠르고 타기 좋으나 행실이 나쁘고
못생긴 돼지족은 썩 좋지도 않고 나쁘지도 않고
성을 잘 내는 개족은 가죽 끈에 매어 두는 것이 좋다.

참으로 꿀벌족이 으뜸인 바
청소와 정리정돈에 빈틈이 없고 요리솜씨가 일품이다.
친구여 그대에게 권하노니
밝고 행복한 결혼을 위해
꿀벌 신부를 얻도록 기도하라.

현자의 외출

골이 빈 많은 촌뜨기들이
마치 현자인양
턱을 세우고
눈을 엄숙하게 해서 걷고 있네.

포킬리데스(Phokylides)

스테시코로스(Stesichoros)

BC 630년경 그리스 식민지였던 남부 이탈리아 마타우로스에서 태어나 시칠리아 섬의 히메라으로 옮겨가서 주로 활동했으며, BC 555년경에 칸타니아에서 죽은 서부 그리스 최초의 걸출한 시인이다. 그는 키타라(Cithara, 리라보다 큰 현악기. 오늘날의 키타의 원형임)를 가지고 노래하는 합창시의 기초자로서 일부 고대 그리스 인들에게 호메로스와 비견되는 시인으로 평가되었다. 그의 본래 이름은 티시아스(Tisias)이며, 스테시코로스라는 이름은 "합창시의 작곡가(또는 편곡자)"를 의미하는 전통 직업을 가진 자의 이름이라고 주장하는 학자도 있다. 여러 명의 스테시코로스가 있는데, 헤시오도스의 아들도 그 중 하나이다. 그는 아크라가스—여기에서 참주 팔라리스와 분쟁—와 히메라에서 활동하였고 그리스 본토, 특히 스파르타를 방문한 것처럼 보인다. 최초의 유명한 키타라 시인으로 알려진 테르판데르(Terpander)가 스파르타 출신인 데, 그의 시는 매우 작은 파편만이 전해진다.

풍부한 그의 작품은 알렉산드리아의 학자들에 의해서 26권의 책에 정리되어 전하는데, 이는 그의 시가 장시이기 때문이고 그래서 호메로스와 비교되었다. 그의 시는 합창시의 전통과 이오니아식 서사시의 합류점을 이룬다. 퀸틸리안은 그가 서사시적 내용을 리라의 운율에 실어서 노래했다고 평한다. 작품 내용에는 헤라클레스, 에우로파, 헬렌, 트로이의 목마, 오레스테스, 시칠리아 지역의 전설 등을 포함하고 있다. 스테시코로스의 매력은 신화나 전설의 인물이나 소재를 독창적으로 만든 데 있는데, 그로 인해 아테네 여신은 출생 때부터 완전무장을 했고, 헤라클레스는 활과 봉을 지니고 사자의 피부를 지녔고, 게리온은 날개를 지니게 되었다. 그러나 당시에 시인, 도자기 그림 화가, 다른 예술가들이 기존의 신화나 전설을 변형시키고 추가시키는 구두적 전통 속에서 살고 있었고 그들 또한 그런 작업을 했다고 전해지므로 스테시코로스가 그의 시 속에 넣은 내용이 모두다 그가 창안한 것은 아닐 가능성이 높다.

그의 시는 다른 합창시인들과 달리 현실적 사건 또는 지역적 표지들을 포함하고 있지 않은데 이는 그의 시가 그리스 어디서나 키타라를 가지고 연주되도록 한 것이라고 추정된다. 그는 합창시에다 주인공들의 대화를 넣는 등 원숙하고 긴 화법을 도입했으며, 이비코스와 핀다로스에게 큰 영향을 주었는데 핀다로스에 비해 보다 직설적으로 표현하였다. 많은 학자들이 공통적으로 합창시의 삼단구조(Triad)—스트로페(Strope), 안티스트로페(Antistrope), 에포드(Epode)—를 창안한 공헌이 큰 것으로 평가한다. 그러나 이 삼단구조가 공연을 위한 것인지 시 작법의 원리인지는 분명치 않다. 그의 언어는 도리아 체이며 호메로스의 영향을 크게 받았다. 만약 그의 작품이 더 많이 남았더라면 근대 유럽

문학에 대한 영향은 알크만, 이비코스, 시모니데스보다도 컸을 것으로 추정된다.

다음과 같은 이야기가 전해진다. 소크라테스가 감옥에서 죽음을 기다리고 있을 때, 어떤 사람이 서정시인 스테시코로스의 노래를 멋지게 부르는 것을 들었다. 그래서 그는 노래를 부르는 사람에게 너무 늦기 전에 그 노래를 가르쳐 달라고 부탁했다. 노래하던 그 사람이 이유를 묻자, 소크라테스는 "나는 하나라도 더 알기를 바라네."라고 대답했다.

암미아누스 마르셀리누스(A. Marcellinus)

왕의 형벌

틴다레오스1)는 모든 신들을 위해 희생제를 올렸지만
오직 사랑의 여신 아프로디테만을 잊어버렸네.
결혼식에 다정한 축복을 해 주던 여신은
격노하여
왕의 딸들이 두 번 세 번 결혼하도록 만들었고
또 그들의 남편을 버리도록 했네.

축하

그들은 많은 키도니아2) 사과를 왕의 결혼 전차에 던졌네.
도금양 잎새를 던졌네.
장미로 만든 왕관, 제비꽃으로 엮은 화환을 던졌네.

일리아드

근거 없는 신화

헬레네의 행적

그 이야기는 당치도 않은 거짓이네.

---

1) Tyndareos. 스파르타의 왕이며 레다의 남편.
2) Kydonia. 크레타 섬 북서 해안에 있는 고대 도시. 키도니아 산 사과는 마르멜로로서 모과와 비슷하며 잼을 만드는 데 씀.

그녀는 큰 배를 타고 항해하지도 않았고
트로이 시내에 들어간 적도 없네.

클리템네스트라3)의 꿈

비늘에서 피가 뚝뚝 떨어지는
큰 뱀이 들어오는 꿈을 꾸었지.
그 배에서 왕이 태어났지.
플레이테네스4)와 아가멤논5)의 혈통이.

죽은 후에

사람이 죽고 나면
그가 누리던 모든 좋아하던 것도 함께
무덤으로 돌아간다.

통곡

죽은 자를 위해 통곡하는 것은
아무런 소용없고
아무런 도움도 되지 못하네.

---

3) Klytaimnestra. 아가멤논의 아내로서 정부인 아이기스토스와 계략을 꾸며 전쟁이 끝나 개선하는 아가멤논을 살해함.
4) Pleisthenes. 아가멤논의 아버지.
5) Agamemnon. 트로이 전쟁 시에 그리스군 총사령관임.

노래의 계절

전쟁을 잊어버려라.
노래를 부를 시절이다.
프리기아6)로부터 플루트를 빼앗아
금발의 그레이스7)들의 노래를 부르자.

제비들이 재잘대는 소리가 들리면
벌써 봄이 시작되었다.

일

아폴론은 놀이와 노래와 춤을 사랑하지.
슬픔과 비탄은 하데스의 일이네.

뮤즈에게

뮤즈여, 전쟁은 멀리 밀쳐 버리고
우리들 속으로 내려와
신들의 결혼과 인간의 주연, 축복받은 자의 축제를
축하해 주십시오.

---

6) Phrygia. 소아시아 지방으로 디오니소스 신과 어머니인 키벨레의 숭배와 연관됨.
   로마 시인들은 트로이와 동의어로 사용함.
7) Grace. 우아미, 미덕의 여신

이비코스(Ibykos)

BC 6세기 전반 고대 그리스 식민지이던 이탈리아 반도 남단 레지움의 마그나 그라에키아에서 귀족 가문으로 태어났다. 젊은이들에 대한 연애시로 높은 명성을 얻었으며, 스테시코로스와 함께 그리스 서부 지역의 걸출한 시인으로 꼽힌다. 여러 곳을 여행하며 합창시를 써서 부유하게 산 것으로 추정된다. 시를 쓰기 시작한 후 사모스 섬의 참주인 폴리크라테스의 초청으로 그곳에 갔다. 폴리크라테스는 문화를 장려하고 후원했으며 이비코스보다 조금 젊었던 아나크레온도 손님으로 초대하였다. BC 522년에 폴리크라테스가 죽은 후에 그도 아나크레온과 마찬가지로 다시 고향으로 돌아갔으며, 죽어서는 느릅나무 밑에 묻혔다고 한다. 사모스로 가기 전에 시키온에 머문 적이 있는 것 같다. 당시 시키온은 스파르타와 동맹관계였고 아테네와 아르고스 동맹에 대항하고 있었는데, 시키온을 정치적으로 지지한 것으로 보인다. 어리석음을 비꼬는 말로 "이비코스보다 시대에 뒤떨어진", "이비코스처럼 어리석은"이라는 속담이 전하는데, 이는 이비코스가 레지움의 참주직을 거부하고 그곳을 떠난 사람이라고 후대 사람들이 잘못 알았기 때문이다. 전설에 따르면 이비코스는 강도들에게 살해당했는데, 마침 머리 위를 날아가던 학들에게 요청을 해서 그 학들이 복수를 했다고 전해져 내려온다. 그래서 또 다른 속담인 "이비코스의 학"이라는 구절이 생겨났다.

그의 작품은 7권의 책에 전해 오는데, 스테시코로스에 의해 발전된 서부 그리스의 합창시와 사포와 알카이오스에게 보이는 동부 그리스의 개인주의를 혼합한 작품을 썼다. 그의 연애시는 사포와 알카이오스의 풍부한 감각과 자연 세계로부터 얻은 상상력의 훌륭한 결합을 보여준다. 그는 스테시코로스에서 핀다로스와 바킬리데스로 나아가는 연결고리 역할을 하고 있다. 초기 작품은 스테시코로스의 전통을 따라서 신화와 서사적 주제를 서정시 형식에 결합하였으나, 사모스 섬으로 간 후 합창시 형식에 에로틱한 주제를 결합하여 서정적 독창부(Monody) 작가들보다 화려하고 정교하게 표현하였다. 내용과 형식이 폴리크라테스의 구미에 맞게 변모한 것으로 보인다. 어떤 평자는 그의 시가 사유, 언어, 구조에 있어서 진부하고 관습적이며, 영혼이 없는 사소한 것만 다루고, 서사적 재료를 잘 다루어 아부를 위해 사용했다고 비판한다. 그의 언어는 서부 그리스의 전통대로 도리아 영향을 받은 합창시체이다.

알카이오스가 젊은이들의 사랑에 대해 시를 썼다는 것은 참으로 엉뚱한 일이다. 아나크레온은 처음부터 끝까지 에로틱하다. 레지움의 이비코스의 작품은 이 면에서 그들을 능가한다. 그리고 이 시인들이 노래한 모든 사랑은 감각적 사랑이다.

키케로

늙은 경주마처럼

검은 속눈썹을 가진 에로스가, 다시 한 번
달콤한 눈길로 나를 바라보며
온갖 매력으로 유혹하여,
나를 아프로디테의 그물에 걸리게 하네.
정말 나는 그가 가까이 다가오는 것만으로도
가슴이 떨리네.
우승한 적은 있지만
다시 이륜마차에 묶이기를 떨며 주저하는
나이 든 늙은 경주마처럼.

사랑의 계절

봄날에 키도니아 사과나무들이
흐르는 시냇물을 빨아먹고 꽃이 만발했네.
그곳에는 님프들이 그들의 순결한 정원을 가지고 있었지.
그리고 포도 넝쿨의 그늘 아래에는
포도 순이 싱싱하게 뻗고 꽃이 만발하고 있었지.
하지만 내 가슴속에는 사랑이 이유 없이 잠자고 있었네.
천둥 번개를 거느리고 오는 트라케의 북풍과 같이
아프로디테가 보낸 에로스가 나를 엄습하자
나는 미치고, 혼미하고, 경련을 일으키네.
나의 생각과 마음을 밑동으로부터 뒤흔들고 흩어놓네.

여자의 본성

스파르타의 처녀들은
넓적다리를 드러내고 다니며
[남자들을 미치게 하네.]

에우리알로스[1]

푸른 눈을 가진 그레이스의 아들인양
사랑스런 머리를 한 정령들의 애인인양
멋진 에우리알로스여,
아프로디테와 부드러운 눈을 가진 페이토[2]가
장미꽃 사이에다 그대를 기르는 듯하구나.

헤라클레스

헤라클레스는
흰 말을 탄 몰리오네[3]의 아들들을 죽였네.
그들은 은빛 달걀 속에서 함께 태어난 쌍둥이처럼
나이와 얼굴이 똑같았네.

---

1) Euryalos. 이비코스가 사랑한 남자.
2) Peitho. 매혹적인 매력을 지닌 설득의 여신.
3) Molione. 몰리오네의 쌍둥이 아들은 아크토리다이이며 둘 다 헤라클레스에게 살해됨.

죽음

사람이 한 번 죽고 나면
다시 생명을 가져다 줄 어떤 치료약도 없네.

바다의 수난

사람들은 손으로 돌을 주워
그곳을 메워 땅으로 만들었지.
전에 그곳은 반짝이는 물고기와
바다 달팽이가 떼를 이루며 어울렸지.

아침

눈을 뜨라고 소리 내는 아침의 여명이
나이팅게일을 일어나게 하네.

심사숙고

만약 그 밧줄을 좀 더 높이
사람들 머리 위에 걸었더라면
아무도 해를 입지 않았을 텐데.

명예

사람들로부터 그런 명예를 받는 것이
신들에게 잘못을 저지르는 게 아닌지
나는 두렵네.

소신

이 고통이 언제나 나의 것으로 남기를 바라네.
그리고 비록 사람들의 등 뒤에서 나의 결점을 비난한다 해도
나는 그것을 변치 않고 자랑스러워할 것이네.
마음속에 거리낌 없이 [선택한 일이기 때문이네.]

히포낙스(Hipponax)

BC 550 조금 후에 일어난 페르시아 침공에 대한 언급이 없는 것으로 보아 그는 그 이전인 BC 6세기 전반부에 주로 활동한 것으로 보인다. 이오니아 지방의 도시 에페소스에서 출생하였으나, 그곳에서 추방되어 이웃 도시인 클라조메나이에서 거지로서 오랜 방랑 생활을 하였다. 그는 조각가였던 부팔로스와 아테니스에게 심한 독설을 퍼붓고 있는데, 이는 아르킬로코스가 리캄베스를 공격한 것과 비교된다. 부팔로스와 아테니스가 행색이 볼품없게 그를 조상으로 만들었기 때문에 그에 대한 복수를 한 것이라고 전한다. 또는 부팔로스의 여자 친구 아레테와 관련이 있는 것으로 보는 설도 있다. 아르킬로코스가 사회적 기초인 신의를 깬 것에 대해 공격한 것이라면, 히포낙스는 개인적 모욕에 대해 공격한 것이다. 양자 사이의 시간 거리가 백 년 정도 차이가 나므로 이는 이암보스가 제의적 기원에서 멀리 벗어나고 있음을 보여준다. 아르킬로코스와 히포낙스 사이의 관계는 희곡에서의 아리스토파네스와 메난데르 사이의 관계와 같다.

히포낙스는 스스로를 사회의 하류 계급(거지, 도둑, 부랑아 등)으로 희극적으로 생생하게 묘사하고, 자신의 이름을 시에 자주 등장시키는 걸로 보아 자의식이 매우 강한 사람이라고 여겨진다. 시 속의 화자는 호전적인 태도를 취하며, 시는 마치 무대공연을 보는 듯하게 하는데, 이는 그리스 희곡에 많은 영향을 주었다.

그는 시의 양식과 내용 면에서 그리스 서정시 시대의 다른 많은 시인들과 구별된다. 그는 과감하게 속어, 비어, 비-그리스어 등을 사용하여 개인적 소재를 통속적인 입장에서 표현하였다. 그는 이암보스(약강격) 시, 파격적 약강격(Choliambic) 시, 강약격(Trochaic) 시, 6음보 시, 장단행이 번갈아 나타나는 에포드(Epode)를 썼다. 파격적 약강격의 여러 형태들의 창안자로서 간주되며 칼리마코스(Kallimachos, BC 3세기 그리스 시인), 헤론다스(Herondas, BC 3세기 그리스 시인), 케르키다스(Kerkidas) 등에게 영향을 주었다.

낯선 이여, 히포낙스의 두려운 무덤 앞에서는 조용히 머물러라. 그는 우박처럼 많은 욕설을 내뱉었고 그 잔재들은 부팔로스를 비난하는 이암보스 시를 만들어냈다. 지옥에서조차 잠자코 있지 못하는 성질을 가지고 있는 그 화 잘 내는 사람을 깨물지 모른다. 그러나 그는 파격적 이암보스 시로 직선적이고 냉소적인 노래를 창시시켰다.

　　　　　　　　　　필립포스(Philipos), <Palatine Anthology)>

헤르메스1)에의 기도

헤르메스여, 사랑하는 헤르메스여,
킬레네2)에서 온
마이아3)의 아들이여,
저는 몸서리치는 추위 속에서
이빨 덜덜거리며 당신께 간청합니다.
히포낙스에게 망토와 웃옷과
좋은 신발, 덧신을 주십시오.
그리고 빈 뱃속을 채우게끔
금전 60냥을 내려주십시오.

눈먼 재물

재물의 신4)은 완전히 눈이 멀었는지
내 집에 찾아와
여태껏 이렇게 말하지 않네.
"히포낙스여, 여기 은전 3000냥을 가져왔으니
어서 가져라. 그리고 여기 다른 것도 더 있네."
아냐, 그는 정말 정신이 혼미한가 봐.

---

1) Hermes. 신들의 심부름꾼이자 전령. 여행자, 도둑, 거지들의 보호자.
2) Kyllene. 그리스 펠로폰네소스 반도에서 가장 높은 산으로 헤르메스에게 봉헌됨. 그 정상에 신전이 있어 헤르메스는 킬레니오스(Kyllenios)라고도 불림.
3) Maia. 아틀라스와 플레이오네(Pleione) 사이의 딸로서 딸들 가운데 가장 젊고 아름다움. 헤르메스의 어머니.
4) 헤르메스를 말함.

치욕

그녀는 리디아 인 목소리로 소리쳤네.
"어서 냉큼 이리 와요. 당신의 똥구멍을 콱 틀어막기 전에"
내가 희생염소나 되는 듯
나무 기둥에 묶고는
나뭇가지로 불알을 툭툭 치네.
그리고는 두 가지 참혹한 고통을 겪었네.
나뭇가지는 위에서 사정없이 내려치고,
지나가는 사람이 배설물을 끼얹어 고약한 냄새가 진동하네.
딱정벌레들은 냄새를 맡고 꼬였지, 한 50마리는 넘을 거야.
어떤 놈은 공격하고, 어떤 놈은 빨아 대고,
어떤 놈은 항문을 열고 들어가려 하네.
피겔리아5)의 질병보다도 심한 고통을 치루고
나는 해방되었네.

희생 염소처럼 1

그의 팔이 닿는 곳에
무화과, 보리빵, 치즈를 갖다 놓았네.
희생 염소가 먹는 것들이네.

희생 염소처럼 2

마침내 배가 고파 죽을 지경이 되었네.
그는 희생 염소처럼 끌려가서

---

5) Pygelia. 에페소스 근처에 자리한 이오니아 도시.

채찍으로 성기를 일곱 번 맞았네.

치료약

만일 네가 당장 보리 한 자루를 보내주지 않는다면
고통 받는 내 영혼은
지옥으로 떨어질 것만 같다.
나는 보릿가루로 술을 만들어
내 비참한 상태를 치료하는 약으로 삼아야겠다.

호식가

그들 중 하나는 태평하고 호화롭게
람사코스6)에서 온 환관처럼
매일 다랑어와 시큼한 치즈케이크를 먹었지.
그러다 결국 재산까지 다 먹어치워 버렸지.
지금은 바위투성이 언덕을 파고 있지.
노예가 먹는 무화과와 보리빵을 조금씩 씹고 살지.
메추라기와 토끼도 못 먹고
참깨가 곁든 팬케이크도 못 먹고
꿀벌을 바른 튀김도 못 먹지.

---

6) Lampsakos. 소아시아 지방의 도시.

마음 약한 도둑

가느다란 관으로 술 단지 뚜껑에 구멍을 내자.

배뚱뚱이에게

길을 따라 스미르나7)로 가서,
곧바로 계속 리디아8)로 가고,
알리아테스9)의 무덤을 지나고,
기게스의 묘비를 지나고,
세소스트리스10)의 기둥을 지나고,
알리아테스의 아들인 아티스11) 왕의 기념비를 지나고,
마침내, 태양이 뜨는 평원에 누워 네 배를 높이 들어라.

엿 먹어!

아르테미스여, 엿이나 먹어!
아폴론이여, 너도 엿 먹어!

---

7) Smyrna. 소아시아 도시. 현재의 터키 서부 지중해 해안.
8) Lydia. 소아시아 왕국.
9) Alyattes. 리디아 왕국의 건국자.
10) Sesostris. 이집트 중기 왕조 12대 왕으로 아시아 아프리카 여러 지역을 정복함.
11) Atys. 리디아의 왕.

먹을 복도 없지

그들은 술 항아리째 마시고 있었네.
마침 컵이 없었지.
그런데 노예가 그 위에 넘어져 박살내버렸네.

악당 부팔로스12)

부팔로스의 눈을 한 방 갈길 테니
내 옷을 좀 들고 있게나.
내 펀치는 매우 정확해서
빗나가는 법이 없네.

부팔로스의 여자

마루 위에서 옷을 벗고,
우리는 키스하고 깨물고,
문 밖에서 누가 보거나 말거나 두고,
어떤 경우에 우리를 나체로 보겠지만······
그녀는 타오르고······
성교를 하는 중에,
부팔로스 지옥에나 떨어져! 외치자,
소시지 껍질 벗기듯 성기를 빼내네.
그녀는 바로 나를 밀쳐 내고 방 가장자리로 밀어내네.
노역 끝에 휴식을 취하네.
나는 주름진 항해를 좋아하지······

---
12) Bupalos. 익명. 히포낙스와 다툰 걸로 보임.

불행의 표지

밈네스,13) 이 꾸부정하고 입 벌리고 다니는 놈아,
너는 언제 트리에레14)의 옆구리에다
이물에서 키잡이 방향으로 뱀을 그려 놓았느냐?
그건 키잡이에게는 굉장한 불행의 표지이다.
이 멍청아, 한심한 놈아,
배가 난파해 비참한 노예 신세가 될지도 모르고
살모사에게 정강이를 물릴지도 모르겠다!

카리브디스15)

뮤즈여, 노래하라.
칼로 만든 위를 가지고 무엇이든 닥치는 대로 먹는
에우리메돈16)의 아들, 카브리디스,
그 악마 같은 자의 비참한 운명에 대해 노래하라.
사람들이 투표를 한 후
황량한 바다 해변에서 돌로 쳐 죽인 것에 대해 노래하라.

---

13) Mimnes. 익명. 히포낙스와 다툰 걸로 보임.
14) Triere. 고대 그리스의 삼단 노를 갖춘 군선.
15) Charybdis. 시칠리아 섬 앞바다의 위험한 소용돌이. 여기서는 괴물의 상징으로 사용됨.
16) Eurymedon. 세상 끝에서 거인족을 다스린다는 그리스 신화에 등장하는 폭력적인 거인. 그의 폭력 때문에 자신은 물론 거인족 전체가 몰락함. 그가 어렸을 때 제우스의 아내인 헤라를 범해 프로메테우스를 얻었고, 이 일로 제우스의 분노를 샀다고 함.

자매

무화과나무와 포도나무는 자매 사이.

새

너는 옷을 돌돌 마는구나.
물새라도 만들어 팔 작정이냐?

행복한 이틀

여자와 결혼해 산다면
이틀만이 행복하네.
하루는 여자와 결혼할 때
또 하루는 여자가 죽어 사라질 때.

아나크레온(Anakreon)

아나크레온은 BC 570년경 이오니아의 도시 스미르나와 가까운 테오스에서 이비코스보다 약간 뒤에 태어난 걸로 추정된다. BC 541년경 페르시아가 사르디스를 점령하자 그의 동료 시민들과 함께 트라케의 압데라로 가서 자치 식민도시를 세웠다. 사모스의 참주 폴리크라테스의 초대를 받고 가서 그의 아들에게 음악과 시를 가르쳤다. 당시 아나크레온과 이비코스는 함께 사모스에서 궁정 시인으로 경쟁하였는데, 아나크레온이 주흥적이고 에로틱한 면에서 기질적으로 폴리크라테스의 구미에 더 적합했던 것으로 보인다. 폴리크라테스가 페르시아의 총독 오로에테스에게 살해당하자 아테네의 참주 히피아스의 동생 히파르코스는 그를 초청하고 군함을 보내 아테네로 데려갔다. 거기에서 시모니데스를 만났으며 히파르코스의 후원 아래 궁정 시인으로서의 생활을 계속하였다. BC 514년 히파르코스가 살해되고 BC 510년 히피아스가 추방되자, 테살리로 갔다가, 얼마 후 공화정이 된 아테네로 다시 돌아왔다. 이 시기에 그는 페리클레스의 아버지인 크산티포스와 교우하기도 했다. 그는 생전에 큰 명성을 누렸는데 그가 살아있는 동안에 꽃병에 그의 모습이 그려지기 시작했고, 새로 등장한 아이스킬로스가 그의 운율을 사용해 비극을 쓰는 것을 즐겼다고 하며, 아크로폴리스에는 페리클레스와 크산티포스와 함께 그의 동상이 세워졌다고 한다. 그는 노년까지 젊은이와의 사랑과 술에 탐닉하다 BC 490년경 85세로 죽었는데, 전해오는 이야기로는 포도씨에 의해 질식사했다고 한다.

아나크레온의 유명세는 헬레니즘 시대에서 로마 시대에까지 미쳤는데, 로마인은 "아나크레온" 주화를 만들기도 했고 모자이크 초상을 그리기도 했다. 헬레니즘 시대에 시인이 에로틱하고 주연을 즐기는 모습으로 묘사된 것은 그의 시에서 유래한 것이다. 쾌락을 애호하고 술을 즐기는 내용을 담은 그의 시는 아나크레온테아(Anacreontea)라고 불리는 많은 모방자를 낳았는데, 그들은 헬레니즘 시대에서 로마 시대, 비잔틴 시대에까지 걸쳐있다. 호라티우스는 그리스 시인들에게 빚지고 있는데, 특히 스타일의 세련됨과 주제에서 아나크레온에게 깊은 친연성을 발견하고 있다. 몇몇 시에서 그를 직접 지칭하고 있기도 하다.

그의 작품은 6권의 책에 전하는데, 서정시(주로 Monody), 이암보스 시, 비가 등을 썼다. 그의 시의 주요 특징은 주흥성, 세련됨, 풍자, 반어, 재치, 돌발적 반전 등의 다양한 음조의 결합에 있다. 그의 언어는 당시 이오니아 체인데, 선택된 형용사는 이비코스에 비해 덜 풍성하지만 주의 깊게 선택된 우아하고 화려하고 정확한 단어들이다. 어떤 평자는 사포와 비교해 그에게는 감정의 정렬, 정직함, 깊이가 없고 참주의 기호에 맞추기 위한 인위성과 일정한 정도의 객관성만 있다고 혹평한다. 그러나 후대에 대한 시의 영향력은 사포나 알카이오스보다 컸다고 평가된다.

시간이 아무리 흐른다 해도 아나크레온이 주흥 속에서 한 번 작곡해 놓은 것은 파괴되지 않으리.

호라티우스(Horace)

늙은 구애자

사랑의 신인 금발의 에로스가
보랏빛 공을 나에게 던지며,
수놓은 신발을 신은 처녀와 함께
다시 한 번 놀아보라고 유혹하네.
하지만 레스보스 섬에서 온 그 처녀는
나의 흰 머리를 비웃으며 돌아서고
다른 처녀에게 끌린 듯이 바라보네.

늙음

귀밑털은 벌써 희어지고
머리털은 많이 벗겨졌네.
젊음의 매력은 얼굴에서 사라지고
이빨은 노인처럼 헐렁하네.
달콤했던 인생은 다 지나가고
이제 얼마 남지 않았네.

타르타로스[1])의 세계가 두려워
종종 눈물이 나고 슬피 우네.
왜냐하면 하데스의 집은 무시무시하고
끔찍한 하강이 있기 때문이네.
한 번 떨어지면
누구도 다시는 돌아올 수 없네.

---

1) Tartaros. 천공의 신 아이테르와 대지의 여신 가이아 사이의 아들로서 지하 명부세계를 관장함.

처녀

말 같은 트라케 처녀여,
너는 경멸 어린 곁눈질을 날리고는
나를 피해 마구 달아나는구나.
마치 내가 아무런 조련 기술도 없는 것처럼.

하지만 나는 너에게 솜씨 좋게 굴레를 씌우고
고삐를 잡고 힘차게 달려서
코스의 푯말을 멋지게 돌 수가 있단다.

그런데 지금 너는 푸른 초원 위에서 풀을 뜯거나
쾌활하게 뛰어놀기를 더 좋아하는구나.
너를 길들여 줄 기술 좋은 기수가 없는 말처럼.

찬바람

에로스는 내 턱의 흰 수염을 보고는
그냥 지나쳐 버리네.
나는 그의 황금빛 날개가 일으키는 찬바람을 느끼네.

세레나데

아침식사로 벌꿀 빵을 한 조각 뜯고
항아리의 포도주를 취하게 마시고
나는 이제 사랑스런 처녀가 즐거워하도록
부드럽게 리라를 연주하네.
세레나데를 들려주네.

미소년

아름다운 소년아,
너는 소녀 같은 눈매를 지녔구나.
나는 너를 욕망하건만,
너는 관심도 없구나.
네가 내 정신의 고삐를 쥐고 있는지
눈치도 채지 못하는구나.

설득

누가 그의 마음을 돌려
다시 젊은 시절의 사랑에 빠지게 하고
가느다란 피리 소리에 춤추게 만들 수 있을까?

대장장이처럼

다시 한 번 에로스는 대장장이처럼
큰 해머로 내 머리를 친 다음,
얼음처럼 찬 물에 풍덩 나를 집어넣네.

허벅지

사랑하는 소년이여,
너의 토스트 같은, 날씬한 허벅지를 내게 다오.

우유부단한 사랑

다시 한 번, 사랑에 빠진 건지, 아닌지
다시 한 번, 제 정신인지, 아닌지.

클레오불로스2)

클레오불로스, 내가 사랑하는 사람.
클레오불로스, 나를 미치게 하는 사람.
클레오불로스, 내 눈을 뺏은 사람.

디오니소스에게

신이여, 쾌활한 에로스와,
검은 눈의 님프와, 장밋빛 피부를 가진 아프로디테와 함께
가파른 산 정상을 밟으며 놀이하는 신이여,
제 간청을 들어 주십시오.
여기로 오시어, 친구처럼 친절하게,
제 기도를 듣고 허락해 주십시오.
클레오불로스에게 가서 지혜로운 조언을 주시어
그가 제 사랑을 받아들이도록 해 주십시오.
디오니소스여.

---

2) Kleoboulos. 익명. 아나크레온이 사랑한 소년으로 여겨짐.

신방 풍경

신방을 차렸으나
신랑은 신부보다 능숙하지 못하네.

주사위

에로스의 주사위는 던져지고
나는 미쳐 소리 치고 날뛸 것 같네.

어린 사슴

어미를 잃고 숲속에 홀로 남은,
뿔이 나지 않은 어린 사슴처럼,
나는 두려움에 몸을 떠네.

당위

내가 매력적인 노래를 부르고
매력적인 말을 해야만 하는 것은,
그 처녀가 나를 사랑하도록 해야 하고
그걸 내가 말해야만 될 일이기 때문이네.

사랑의 준비

소년아, 이리로 포도주와 물을 가져와라.
그리고 꽃으로 만든 화관을 가져와라.
나는 지금 한바탕 사랑을 나누려 한다.

투신 1

다시 한 번,
저는 레우카스3) 절벽 위에서
포말이 이는 파도 속으로 뛰어듭니다.
사랑에 곤드레만드레 취했습니다.

투신 2

나는 죽고만 싶네.
이 고통에서 헤어나는 길은 달리 보이지 않네.

매춘부의 정의

어떤 사람이나 애용할 수 있고
또 그들이 칭찬하는
대중을 태우는 마차.

---

3) Leukas. 그리스 서북에 있는 섬으로서 남쪽 끝에 있는 높은 절벽에서 투신하면 사랑이 치료된다는 전설이 있음.

미친 허리를 가진
사과나무.

매춘부의 기술

사람들은 그녀가 느슨하다고 말하지만
그녀는 넓적다리를 또 다른 넓적다리에 단단히 감네.

매춘부의 돌진

나는 그녀로부터 황급히 달아났네.
놀란 뻐꾸기처럼.

술친구

술 마실 때, 나는 이런 사람이 싫네.
포도주를 묽게 해서 마시는 사람,
논쟁을 일삼거나,
흐느끼며 전쟁에 대해 말하는 사람.

나는 이런 사람이 좋네.
뮤즈의 선물이나 아프로디테의 선물을 섞는 사람.
마음을 언제나 쾌활하고 기쁜 일에 돌리는 사람.

주법 1

자, 소년아, 술 단지를 가져와라.
나는 단숨에 그걸 다 마셔야겠다.
물 10잔에 포도주 5잔을 섞어라.
나는 다시 한 번 품위 있게 만취하련다.

주법 2

자, 술을 마시자.
스키티아[4] 사람들처럼 소란하고 어지럽게 마시지 말고,
달콤한 음악을 들으며
품위 있게 천천히 술을 즐기자.

망설임

한 마리 새가
짙은 나뭇잎 색깔 해변과
푸른 올리브 숲 사이를 오락가락하네.

성품

나는 그런 완고하고 까다로운 사람은
누구라도 싫어한다.

---

4) Scythia. 흑해 북쪽 지방.

하지만 메기스테스5)여,
너는 온화한 성품을 지녔구나.

손님

너는 참 점잖은 손님이구나.
지붕과 화로만 있으면 만족하는구나.

12월

포세이돈6)의 달
어느 하루를 걷고 있네.
육중한 구름은 물로 차서 낮게 쳐져 있고
갑자기 광폭한 폭풍이 불어
비를 땅으로 쏟아내네.

용사 아가톤7)

압데라8)를 위해 싸우다 죽은
용감한 아가톤이여,
마을의 모든 사람이 와서

---

5) Megistes. 익명
6) Poseidon. 제우스의 형제. 바다, 지진, 말의 신.
7) Agaton. 익명
8) Abdera. 헤라클레스가 그의 수행원인 압데로스를 기념하기 위해 세운 트라케 지방의 도시.

그대를 화장하는 장작더미 앞에서 울고 있다.
왜냐하면, 두렵고 어지러운 전쟁터에서
피를 사랑하는 아레스가
그대보다 더 용감한 젊은이를 죽인 적이
일찍이 없었기 때문이네.

노예 아르테몬9)의 운명

한때 그는 불결한 옷을 입고
허리를 질끈 잘록하게 매고
나무로 만든 귀걸이를 했네.
그리고 오래 된 방패를 뜯어 낸
털 없는 가죽으로 만든 옷으로 갈비뼈를 가렸네.

그는 빵집 여자나 남자에 미친 여자에 빌붙어
살아가야 하는 더러운 신세였네.
빵덩어리와 빵틀 사이로 분주히 목을 구부리고
종종 가죽 채찍으로 등허리를 맞았네.
머리털을 더럽히고 수염을 뜯기기 부지기수였네.

그러나 지금 아르테몬은
코이시라10)의 아들처럼 금목걸이를 목에 걸고
귀부인처럼 상아로 만든 파라솔을 높이 들고
번쩍이는 마차를 유유히 타고 가네.

---

9) Artemon. 익명
10) Koisyra. 유명한 귀부인.

슬픔

눈물 어린 창끝을 가슴에 대네.

중장비 보병

여기 전쟁의 영웅인 티모크리토스[11])의 무덤이 있네.
아레스는, 용감한 자는 사용하고
비겁한 자는 뒤에 방치하네.

전사한 아리스토클리데스[12])

아리스토클리데스여,
내가 처음으로 그 용기를 찬양하는 친구여,
조국이 노예 상태가 되지 않도록
용맹하게 싸우다 너의 목숨을 바쳤구나.

아르테미스

아르테미스여, 사슴 사냥꾼이여, 당신께 간청합니다.
제우스의 금발 딸이여, 야생 짐승들의 주인이여,
레테오스[13]) 강가에서

---

11) Timokritos. 그리스의 서정시인(BC 5세기). 전쟁터에서 전사한 것으로 알려짐.
12) Aristoclides. 익명.
13) Lethaios. 소아시아 마이안드로스 강의 작은 지류.

당신은 용감한 사람들이 사는 도시를 기쁨으로 바라봅니다.
그들은 거칠고 야만적인 무리들이 아닙니다.
당신이 그들의 목자입니다.

크세노파네스(Xenophanes)

BC 565년에 이오니아의 에페소스 근처 콜로폰에서 태어났다. 그가 25세가 되던 BC 545년경 페르시아의 침공을 피해서 이탈리아 남부 엘레아와 시칠리아에 거주하다 BC 470년경에 죽었다. 그는 철학자이자 시인이었다. 그는 엘레아에서 철학 학교를 열었으며 파르메니데스와 제논 같은 계승자를 두었다. 철학적 측면에서 그는 전통적인 호메로스와 헤시오도스 식의 신화와 신인동형(Anthropomorphic) 종교에 매우 비판적이었고 자연 현상을 이성적으로 설명해야 한다고 주장하며 자신의 범신론을 내세웠다. 그는 소크라테스와 플라톤의 출현을 예고하고 있었다.

그의 작품으로는 실로이(Silloi, 풍자적이고 모방적인 6음보격시)와 자연에 대한 시, 비가 등이 있다. 작품의 주제는 철학적 윤리적 내용이 많고, 당대의 관습을 비판적으로 다룬 것이 있다. 가령 올림픽 우승자에 대한 보상이 너무 크다는 것, 주연에서 신화 속의 전쟁 이야기 등이 적합하지 않다는 것, 안일한 삶과 부를 과시는 것에 대한 비난 등이 포함된다. 또한, 엘레아와 콜로폰에 대한 운문체의 역사를 썼다.

> 신들이 태어났다고 말하는 것은 신들이 죽는다고 말하는 것과 똑같이 불경스럽다는 크세노파네스의 말을 생각해보라. 그 두 구절은 신들이 언젠가는 존재하지 않았다는 것을 암시한다.
> 아리스토텔레스, <수사학>

신들의 초상

1
사람은 자신의 신들을
자신과 똑같은 몸매와 목소리를 갖고,
똑같은 옷을 입은 모습으로 만드네.

2
만일 말이나 사자, 또는 느린 소가
그림이나 조각을 할 수 있는 정교한 손을 가졌다면
말은 자신의 신을 말로 그릴 것이고
소는 자신의 신을 소로 조각할 것이네.

3
에티오피아 인들은 자신의 신들이
납작한 코와 검은 피부를 가졌다고 말하고
트라케 인들은 자신의 신들이
붉은 머리털과 갈색 머리털을 가졌다고 말하네.

향연의 주제

타이탄이나 거인의 전쟁 이야기나
또는 켄타우로스를 말하는 것은 아무 소용이 없네.
이것들은 조상들의 상상해낸 허구일 뿐이네.
신들의 전쟁도 마찬가지네.
이런 주제들로부터 얻을 이익은 없다네.
신에 대해서는 항상
사려 깊고 올바른 마음을 가져야 한다네.

물과 바람

바다는 물과 바람의 근원이네.
거대한 태양이 없다면
바람도 없고
흐르는 강물도
하늘로부터의 빗물도 없네.
거대한 태양은
구름과 바람과 강의 아버지이네.

무지개의 근원

사람들은 무지개를 이리스1) 여신이라고 부르지만
보라색, 주황색, 파랑색 비구름에 불과하네.

만물

만물은 땅에서 나고
땅으로 돌아가네.

나의 인생

그리스 전역을 떠돌며
쉬지 않고 지식을 던지며 지낸 지

---

1) Iris. 무지개의 여신이며 신들의 전령. 서풍의 신 제피로스의 아내.

어언 육십오 년이 흘렀네.
거기에 아마 이십오 년을 더하면
내 출생일이 될 것이네.
내 계산이 정확하다면 말일세.

지식

신들은 인간이 태어날 때부터
모든 지식을 갖추도록 하지 않았네.
그러나 인간은 탐구하고
제때에 더 좋은 것을 발명하네.

불가지론자

신들과 언급된 일들을 모두 이해하는 사람은
과거에도 없었고 미래에도 없을 것이라는
사실만이 진리이네.
완전한 진리의 바위 위에 쓰러진다 해도
결코 그것을 이해할 수 없을 것이네.
오직 끝없는 회의만이 있을 뿐이네.

근본 원리

태어나서 생장하는 모든 것들은
물과 땅에서 기원하네.

시모니데스(Simonides)

BC 566년경 키클라데스 군도의 작은 섬인 케오스 섬에서 태어났다. 그는 여러 지역을 여행했으며, 그리스 전역에 널리 알려진 직업 시인이었다. 아테네의 참주인 히파르코스의 문화 장려 정책의 일환으로 초대되어 아테네로 갔으며 거기서 아나크레온을 만났다. 참주 정치가 몰락한 후 테살리로 갔으며, BC 476년경에 시라쿠제의 참주 히에론의 초청을 받아 시칠리아로 갔다. BC 468년경에 시칠리아의 아크라가스에서 죽었다. 페르시아 전쟁 때 마라톤 전투에서 전사한 이들을 위한 비문을 짓는 경쟁에서 아이스킬로스를 이김으로써 BC 490년 아테네로 돌아왔다. 대표작으로 알려진 테르모필레에서 죽은 스파르타 인을 위한 송시에서 암시되는 바, 페르시아 전쟁 중 그는 그리스 전체를 위한 시인의 대표자 역할을 하였던 것 같다. 그러나 이것이 그의 작품이 아니라는 주장도 있다. 본래 비문에는 작자가 들어가지 않는데, 그가 워낙 유명했으므로 많은 비문이 그의 것으로 분류되었기 때문이다.

그는 시에 대한 봉사료를 받은 첫 번째 시인이라고 알려져 있다. 또한 올림픽 경기 승리자에 대한 송가를 지은 첫 번째 시인이라고도 알려져 있다. 그가 봉사료를 받은 것은 소피스트들의 모델이 되었다고 한다. 그를 영리한 수전노로 묘사하는 이야기가 전한다. 그는 2개의 보관함을 가지고 있었는데, 하나는 돈을 담는 용도이고 하나는 선물을 받는 용도였다고 한다. 그런데 후자는 늘 비어서 전자만이 쓸모가 있었다고 한다. 또한 그가 히에론의 아내에게 했다는 말이 전해진다. "돈 버는 일을 제외한 모든 것은 늙는다. 그리고 친절한 행위는 그 모든 것 중에서도 가장 빨리 늙는다." 아울러 그가 시에 대해 말한 구절 2개가 전해진다. "말은 사물에 대한 이미지이다." "그림은 말없는 시이고 시는 말하는 그림이다."

시모니데스는 알렉산드리아 문헌에 9명의 서정시인의 하나로 선정되어 있다. 그는 여러 장르의 합창시, 승리의 송가, 주신 찬가, 애가, 만가, 비문 등을 썼으며, 비가와 비가적 풍자시도 썼다. 핀다로스와 바킬리데스처럼 신화적 내용을 광범위하게 사용하고 있다. 언어에 있어 합창 서정시는 완화된 도리아 체이며, 비가는 다른 장르와 마찬가지로 호메로스 체이다. 그의 합창시 양식은 유희적이고 가벼운 느낌을 주는데, 동시대인이던 핀다로스와 양식적으로 정반대이며 때때로 경쟁 상대였다. 정치, 종교, 윤리의 관점에서는 핀다로스보다 근대적이고 융통성이 있다. 후원자에 고용되어 시를 썼으므로, 시의 내용이 그의 개인적 관점이나 입장이라고 볼 수 없다는 주장도 있다. 그러나 그의 연민의 효과를 자아내는 힘은 호라티우스를 비롯한 로마 시인들에게 큰 영향을 주었다.

그의 시의 뛰어난 점은 연민의 정을 자아내게 하는 힘에 있다.
이 점에서 그는 사실 다른 모든 시인들을 능가하고 있다.

퀸틸리안, <수사학 입문>

테르모필레1)의 전사자들 1

조국을 위해 싸우다 죽은
그들의 영예로운 운명과 고귀한 죽음.
그들의 무덤은 제단이 되어
비탄과 기억의 장소가 되네.
만가는 칭송이 되네.
모든 것들을 파괴하는 시간도, 곰팡이도,
그들의 죽음이 준 업적을 희미하게 할 수는 없네.
용기 있는 사람들의 이 무덤은
거주민으로서 모든 그리스 인의 영광을 대표하네.
스파르타 왕 레오니다스2)는 증언하네.
그는 용맹과 불멸의 명성의 기념비를 남겼네.

테르모필레의 전사자들 2

여행자여,
스파르타에 가거든 사람들에게 이 말을 전해주오.
"여기 묻혀 있는 우리는 조국이 부여한 일을 했다"라고.

마라톤3)에서의 승리

그리스의 최전선에 나가서 싸운 아테네 인들은

---

1) Thermopylai. 오이타 산의 돌출부와 바다 사이의 협곡. 동부 그리스의 관문으로서 BC 486년 스파르타가 페르시아의 침입을 이곳 전투에서 지연시키다가 왕과 병사 모두 전멸 당함.
2) Leonidas. 스파르타 왕으로 페르시아 군에 맞서 싸우다 테르모필레에서 전사함.
3) Marathon. 아티카 지방의 촌락으로 페르시아와 아테네 사이의 전쟁으로 유명함.

마라톤에서
금장 휘날리는 메데스4)의 권력을 땅바닥에 떨어뜨렸네.

살라미스5)의 전사자들

여행자여, 한때 우리는 항구 도시 코린토6)에 살았다네.
그러나 지금은 아이아스7)의 섬, 살라미스에 묻혀 있네.

이스트모스8)에서 싸운 아테네 영웅들

그리스의 운명이 칼날 위에 놓였을 때
우리는 전 그리스를 구하기 위해
우리의 목숨을 기꺼이 바쳤네.

물가의 묘비

우리는 디르피스9) 협곡에서 패배했고
조국은 우리를 위해 에우리포스10) 근처에 무덤을 마련해 주었네.
당연한 의로움이네.

---

4) Medes. 페르시아 전쟁 당시 페르시아 왕.
5) Salamis. 그리스 남서 해안에 있는 섬.
6) Cotinth. 펠로폰네소스 반도에 위치한 도시.
7) Aias. 트로이 전쟁 때 그리스군 장군으로서 고향이 살라미스라고 알려짐.
8) Isthmos. 그리스 본토와 펠로폰네소스 반도를 갈라놓은 코린트 지방.
9) Dirphys. 에게 해의 최대 섬인 에우보이아의 중앙 산맥.
10) Euripos. 에우보이아와 그리스 본토 사이의 해협.

우리는 젊음을 기꺼이 던져
전쟁의 잔인한 파도를 용감하게 막아냈네.

에우리메돈[11])에서 죽은 그리스 인들

위세는 당당하지만 분별력 없는 아레스는
그의 길고 윤기 나는 화살촉을
죽은 자들의 가슴에 고인 핏물에 닦네.
투창을 던지는 용사의 살은 말끔하지만
나뒹구는 시체의 몸에는 먼지가 쌓이네.

메기스티아스[12])

이 무덤은 칭송받는 메기스티아스의 것이네.
그는 스페르케이오스[13]) 강가에서 페르시아 인들에게 살해되었네.
예언자인 그는 다가오는 죽음을 미리 보았지만
스파르타 왕을 버리고 전장에서 도망가지 않았네.

법

여행자여, 스파르타에 오면 알 것이네.

---

11) Eurymedon. 소아시아 남부 연안 팜필리아 지방을 흐르는 강.
12) Megistias. 자기가 죽을 것을 알면서도 테르모필레 전투에서 군대의 후미로 가기를 거절하고 최전선에서 싸우다 죽은 예언자.
13) Spercheios. 테살리 남쪽 지방의 강. 강의 신 스페르케이오스의 이름을 따라 지음.

우리가 법에 따라 살고 있는 것을 볼 것이네.

명예

영광스러운 명예여,
지상의 것 중 가장 오래 가는 것이여.

사회 교육

도시는 인간의 스승

좋은 사람

손과 발과 마음을 확고하게 하고 살아가면서
어떤 비난도 받지 않는 좋은 사람이 되기란 정말 어렵다.
[……]

비록 피타코스14)가 지혜로운 사람이기는 했지만
그의 말은 나에게 더 이상 진실이 아니네.
그는 좋은 사람이 되기란 어렵다고 말했지.
그러나 좋은 것은 신이 선택할 수 있는 특권이네.
우리 인간은 저항할 수 없는 불행이 덮치면
나쁘게 되는 것을 피할 수 없네.
인간은 운이 좋을 경우에는 좋게 되지만

---

14) Pittakos. 레스보스 섬의 참주로서 일곱 현인의 한 명으로 선정됨.

운이 나쁘면 나쁘게 되네.
신이 사랑하는 사람들만이
가장 운이 좋은 사람 축에 속하게 되네.

그러므로 나는
지상에서 난 음식을 먹고 사는 인간 중에
결점 하나 없는 인간, 이 불가능한 것을 찾기 위해 애쓰는데,
공허하고 소득 없는 희망을 축구하는데,
내 주어진 시간과 삶을 낭비하지 않겠네.
만약 내가 그런다면 그대에게 말해 주겠네.
그럴 리 없지.
나는 자신의 의지로 부끄러운 일을 하지 않는
그런 사람을 칭찬하고 사랑한다네.
신조차도 결점은 가지고 있다네.

나는 결점을 찾는 것을 좋아하지 않는다네.
사람이 나쁘지만 않다면, 너무 완고하지만 않다면, 충분하네.
도시를 위해 무엇이 좋고 나쁜지만 안다면, 건전한 사람이네.
그러면 나는 그의 결점을 찾지 않겠네.
어리석음은 대대손손 이어지는 것이네.
부끄러움으로 오염되지 않은 것이라면 모두가 좋은 사람이네.

변화

인간인 당신은
내일 무슨 일이 생길 것인지 말하지 마라.
지금 잘 나가고 사람이 언제까지 그럴 수 있는지도 말하지 마라.
긴 날개를 가진 잠자리가 이리저리 방향을 바꾸는 것도
그리 빠른 것은 아니다.

미덕

한 이야기가 전해지네.
미덕의 여신은
기어오르기 어려운 높은 바위 위에 살고
신성한 장소만 돌아다니네.
그녀는 모든 인간의 눈에 보이지 않네.
가슴에 땀을 흘리며
남성다움의 정상에 도달한 사람에게만 보이네.

인간의 운명

인간의 능력이란 보잘 것 없네.
노력을 해도 결과는 잘 나오지 않고
짧은 생애 동안 고생에 고생을 거듭하네.
피할 수 없는 죽음은 누구에게나 찾아와서
고귀한 자나 비천한 자나 공평하게 죽네.

반신

우리 이전에 살았던 어떤 사람도,
비록 그가 신의 아들로서 신성하게 태어난
반신일지라도,
죽는 날까지 고난도 위험도 겪지 않을지라도,
늙음을 피할 수는 없었네.
그 또한 영원히 살 수는 없었네.

클레오불로스15)에게

건전한 생각을 가진 사람이라면 어찌,
린도스16) 사람 클레오불로스가
영원한 강물의 흐름, 봄이면 피는 꽃, 태양의 불꽃,
달의 금, 바다의 소용돌이에 대항해서
묘비석의 강함을 믿는 것에 동의할 수 있겠는가?
모든 것은 신에게 달려 있네.
돌은 인간의 손으로도 부술 수 있다.
그의 생각은 어리석은 자의 것일 뿐이다.

유한한 인간

경기에서 우승한 그 많은 사람들 중에
그의 이마에 월계관이나 장미꽃 화관을 얹고 있는 이가
오늘날 얼마나 살아있는가?

우박

돌풍처럼 빠른 말의 딸.

---

15) Kleboulos. 그리스 일곱 현인의 하나로 추앙되며, 미다스 왕의 업적이 영원함을 추모하는 비문을 썼음.
16) Lindos. 에게 해 동쪽에 있는 로도스 섬의 도시.

증인

최고의 증인은
하늘에서 빛나는 둥근 금.

건강

신성한 건강을 잃고 나면
시를 쓰는 뛰어난 재능조차
기쁨을 주지 못하네.

시간 1

시간은 날카로운 이빨을 가졌네.
모든 것을 갉아 먹는다.
가장 강한 것조차도.

시간 2

천년도 만년도
작은 점에 불과하네.
보이지 않는 털끝만한
아주 작은 조각이네.

성취

신이 허락하지 않는다면
그 어떤 인간도, 도시도 탁월한 일을 이룰 수 없네.
오직 신만이 모든 것을 이룰 수 있네.
인간이 하는 어떤 일도
재난으로부터 안전하지 않네.

파산

여기 누워 있는 고르틴[17)]의 브로타코스[18)]는
크레테에서 태어났네.
나는 여기 죽으러 온 것이 아니고
큰 사업을 하기 위해 왔네.

권투 선수 글라우코스[19)]

힘센 폴리네우케스[20)]도
알크메나[21)]의 강철 아들 헤라클레스도
글라우코스의 주먹을 당해낼 수 없네.

---

17) Gortyn. 크레테 섬의 고대 도시로서 법원 내벽에 쓰여진 사회제도에 관한 두 명문으로 유명함.
18) Brotachos. 익명
19) Glaukos. 익명
20) Polydeukes. 제우스와 레다 사이의 쌍둥이 아들인 카스트로와 폴리데우케스를 말함. 힘센 신과 인간으로서 간주되었으며 후에 쌍둥이별자리와 동일시됨.
21) Alkmena. 미케네 왕인 엘렉트리온의 딸이며, 암피트리온의 아내이자 헤라클레스의 어머니.

물총새의 날들22)

제우스는 동지 전후 14일 간을
바람 없는 잔잔한 날씨로 만들었네.
얼룩반점의 물총새가 알을 낳는 이 기간을
사람들은 신성시하네.

사로잡힌 사랑

보랏빛의 몸부림치는 바다,
나를 둘러싸고 외치는
그 거센 소리에 사로잡혀 있네.

오르페우스

그의 사랑스런 노래에 따라
무수한 새들이 오르페우스의 머리 위로 날아가고
물고기들이 어두운 물결 위로 뛰어오르네.

처녀 고르고23)

그녀는 어머니 팔에 안겨 죽어가며,
나지막이 울며 유언을 남기네.

---
22) 물총새가 동지 기간의 좋은 날에 둥지를 튼다는 데에서 유래함.
23) Gorgo. 익명

"어머니, 아버지와 함께 오래 살며
좋은 날, 둘째 딸을 낳아
두 분이 늙었을 때 보살핌 받으시길."

다나에24)와 페르세우스25)

조각된 나무궤짝 속에 실려 표류 중이었네.
바람이 휘몰아치고 파도가 소용돌이치자
그녀는 공포에 질리고, 뺨은 눈물로 젖네.
그녀는 팔로 페르세우스를 사랑스레 안고 말했네.
"아가야, 나에게 고난이 닥쳐왔지만,
너는 평화롭게 자는구나.
빛 없는 밤의 어둠속에 있는, 청동으로 고정한, 흔들리는 궤짝 안에서
태평스레 코를 골며 자는구나.
굵은 물방울을 뿌리는 파도가 머리를 적시어도,
소리치는 바람이 귀를 때려도,
진홍색 천에 싸여 예쁜 얼굴을 드러내고 누워 있구나.
공포가 너를 사로잡아 무서우면
너의 작은 귀를 돌려 내 목소리를 들어라.
아가야, 잠 자거라! 파도도 잠 자거라!
커다란 재난도 잠 자거라!
제우스 신이여, 당신의 뜻이 바뀌었다는 징표를 주십시오.
저의 이 기도가 무례하고, 요청이 합당하지 못하더라도,
저를 용서해 주십시오."

---

24) Danae. 아르고스의 처녀. 그녀의 아버지는 외손자가 자신을 죽이리라는 예언 때문에 그녀를 방에 가두어 두었으나 제우스는 금빛으로 뚫고 들어와 페르세우스를 잉태시킴.
25) Perseus. 제우스와 다나에 사이의 아들. 자신의 할아버지, 아크리시오스를 살해하는 예언을 피하기 위해 어머니와 함께 멀리 보내졌으나, 후에 할아버지를 사실상 살해함.

테오그니스(Theognis)

　테오그니스에 대한 전기는 이상하게도 많이 전해지지 않으며 그 내용도 분명한 것 같지 않다. 그는 BC 544년경 코린토의 도시인 메가라에서 출생하고, BC 480년경까지 생존한 것으로 추정된다. 그가 재판관 역할을 한 것으로 보아 귀족 계급에 속한 걸로 보이며, 과두정치 아래서 한때 나라 밖으로 추방되기도 하였으나 다시 돌아왔다.
　그의 이름 아래에 묶여 발견된 시는 1400여 행에 이르는데, 많은 부분은 티르타이오스, 밈네르모스, 솔론 등 전시대 시인들의 작품을 옮겨 쓴 것일 가능성이 높다. 그러나 그의 친구로 여겨지는 폴리파오스의 아들인 키르노스에게 교훈을 주는 형식의 시들은 그의 원작일 가능성이 매우 높다. 그는 스스로를 사라지고 있는 족속이라고 지칭하며, 귀족 계급들과 평민 계급 상이의 구분이 사라지는 것, 친구 사이의 신뢰가 사라지는 것, 용기나 충성 같은 귀족적 가치가 사라지는 것을 한탄하고 있다. 그의 사회적 도덕적 관점의 진부함에도 불구하고, 그의 생생한 현실 체험은 그를 서정시 시대의 정상급 비가 시인으로 만들고 있다. 그는 아테네 작가들, 특히 에우리피데스와 플라톤에게 큰 영향을 주었다.

　전체 작품의 내용은 1) 자전적인 내용, 2) 서시, 창가, 비문, 등 3) 에로틱하거나 유희적 내용, 4) 삶의 지혜에 대한 내용으로 크게 분류할 수 있다.

　그는 인간의 선과 악 이외의 문제에는 관심이 없다. 말을 다루는 전문 승마사가 승마 기술에 대해 쓴 보고서와 같이 그의 시는 인간 탐구를 하고 있다.

스토바이오스(Stobaios), <앤솔로지>

테오그니스는 시인이다[1]

키르노스[2]야, 나는 시를 쓸 때, 나의 말을 봉인한단다.
아무도 그의 말을 훔칠 수 없을 것이고
좋은 말을 나쁜 말로 바꿀 수도 없을 것이다.
모든 사람들이 말할 것이다.
"이 시는 메가라[3]에서 온 사람 테오그니스가 지었네."
온 세상 사람들이 내 이름을 알고 있다.
그러나 고향에서만은 내 업적을 칭찬하지 않는데,
폴리파오스[4]의 아들이여, 놀랄 일은 아니란다.
제우스조차도, 비를 내려줄 때도, 안 내려줄 때도
모두를 만족시킬 수는 없는 거란다.

국가의 운명 1[5]

키르노스여, 이 도시는 언제나 아이를 임신 중이란다.
행여 사악한 방식으로 도시를 끌고 가려는 사람을 낳을까 두렵다.
시민들은 아직 건전한데도
지도자가 시민을 파국적 종말로 끌고 가는 경우가 있단다.
국가는 고귀한 사람들 때문에 망하는 법이 결코 없고,
천한 자들이 부정의를 감싸고, 사람들을 타락시키고,
자신의 이익과 권력을 위해 부정직한 주장을 할 때 망한단다.
이러한 도시가 지금은 아주 평온한 듯이 보이지만
결코 조용하게 오래 갈 수가 없단다.
처음에는 몇몇 천한 사람만이 자신의 이익에 몰두해서 행동하지만

---

1) 테오그니스의 파편 중 19-26행.
2) Kyrnos. 익명. 친구 폴리파오스의 아들로 여겨짐.
3) Megara. 그리스 남부 코린트 지방의 도시. 테오그니스의 고향.
4) Polypaos. 익명. 친구로 여겨짐.
5) 39-52행.

나중에는 모두가 따라 해서 국가에 해가 되네.
그래서 국가가 사분오열 쪼개지고, 사람들 사이에 살인이 빈번해진단다.
독재자들은 결코 국가에 기쁨을 주지 못한단다.

국가의 운명 2[6]

키르노스야, 신이 국가를 파멸시키고자 할 때는
악한 사람 하나를 골라 폭력을 북돋운단다.

국가의 운명 3[7]

키르노스야, 무법이 마그네시아,[8] 스미르나,[9] 콜로폰[10]을 파멸시켰다.
그리고 국민들 사이의 유대 또한 파멸시키는 거란다.

시민의 변화[11]

키르노스야, 도시는 전과 같은 도시이나, 시민은 많이 바뀌었구나.
그들은 과거의 고귀했던 정의와 법률을 모르고 있단다.
그들은 늙은 염소 가죽으로 몸을 가리고
사슴처럼 산등성이나 도시 외곽에 살았었다.

---

6) 151-2행.
7) 151-2행.
8) Magnesia. 소아시아의 도시.
9) Smyrna. 소아시아의 도시.
10) Colophon. 소아시아의 도시.
11) 53-68행.

그러나 지금은 그들이 귀족 행세를 하고, 과거의 귀족층인 사람들은 쓰레기 취급을 당한단다.
　고귀한 사람이 매도당하고, 천한 사람이 존경받는 이 광경을 누가 믿을 수 있겠느냐?
좋은 혈통을 가진 사람이 나쁜 혈통을 가진 사람과 결혼하려 한단다.
사람들은 서로 속이고, 상대의 결점을 비웃고,
좋은 것과 나쁜 것을 구별하지 못한단다.
그러니 키르노스야,
어떤 이유로도, 이렇게 사는 사람들을 친구로 삼지 마라.
이런 사람들과는 친구인 척 말치레 우정이나 나누며
결코 중요한 일은 함께 하지 마라.
그러지 않는다면, 너는 곧 신뢰할 수 없는 그들의 비천한 성품을 체험하게 될 것이다.
그들은 정말 구제불능이며, 희망 없는 사람들처럼
속임수와 거짓말, 교활함으로 똘똘 뭉쳤단다.

추방12)

키르노스야, 쟁기질하고 씨 뿌리는 계절이 왔다고 알리는
두루미의 날카롭고 높은 외침이 멀리서 들려온다.
하지만 기름진 고향 땅은 다른 사람 손에 있고
땅을 갈아엎을 쟁기를 끌 당나귀도 없다 생각하니,
내 가슴은 어둡고 우울해진다.
지금 나는 가장 피하고 싶은 배에 실려 추방되었단다.

---

12) 1197-1202행.

방랑자13)

나는 한때 시칠리아14) 섬에서도 머물렀고
에우보이아15) 해변을 지나며
포도나무로 뒤덮인 들판도 보았다.
갈대 무성한 에우로타스16) 강변의
찬란한 스파르타17)도 보았다.
어디에서나 사람들은 친절하게 나를 환영했지만
나는 가슴 깊이 기쁘지는 못했다.
정말 조국보다 더 귀중한 곳은 어디에도 없다는 걸
뒤늦게야 깨달았다.

우생학18)

키르노스야, 양이나 당나귀나 말을 기르는 데도
우리는 좋은 혈통을 얻기 위하여 애를 쓴다.
그리고 모든 사람들은 좋은 혈통의 배우자를 찾는다.
하지만 지금은 고귀한 귀족도
돈 많은 천한 집안의 천한 딸과 결혼을 한다.
또한 귀족 집안의 처녀도 혈통보다 재물을 더 좋아해서
돈 많은 천한 남자와 결혼을 한다.
돈이 최고라서 귀족과 천민이 짝을 맺으니
좋은 혈통은 재물 속에 실종되었다.

---

13) 783-8행.
14) Sicilia. 이탈리아 남부의 큰 섬. 고대 헬레니즘 문화와 로마 문화가 만난 주요 지점.
15) Euboia. 에게 해의 가장 큰 섬.
16) Eurotas. 스파르타가 있던 라코니아 지방의 주요 강.
17) Sparts. 고대 그리스의 도시국가.
18) 183-92행.

그러니 키르노스19)야, 조금도 놀라지 마라.
귀족과 천민이 섞여 시민의 혈통을 해치더라도.

미래의 결과20)

키르노스야, 어떤 사람도 그의 재난이나 피해에 책임이 없다.
그런 것들은 신들이 관장하는 일이란다.
어떤 사람도 자기가 하는 일이 좋은 결과를 낼지 나쁜 결과를 낼지 알지 못한다.
때로는 결과가 나쁘리라 생각하지만 훨씬 좋은 결과가 나오고,
때로는 결과가 좋으리라 기대하지만 훨씬 나쁜 결과가 나온다.
자기가 원하는 대로 어떤 일이 일어나는 사람은 하나도 없다.
우리는 속수무책이고, 미래를 알지 못한다.
우리는 신에 의해 구속되어 있고 제한되어 있다.
우리는 인간이기 때문에 우리가 생각하는 것은 허망하다.
왜냐하면 우리는 아무것도 알 수 없기 때문이다.
모든 일은 신들이 원하는 대로 결정될 뿐이란다.

가난 1²¹⁾

키르노스야, 늙음도, 말라리아 열병도, 다른 어떤 것도
가난보다 신속하게 좋은 사람을 파괴시킬 수 없단다.
가난의 희생물이 되느니 차라리
깊은 바다 괴물에 몸을 던지거나
높은 절벽에서 떨어져 죽는 편이 낫단다.

---

19) Kyrnos. 테오그니스의 친구. 많은 시 속에서 대화 상대자로 등장함.
20) 133-42행.
21) 173-8행.

가난한 사람은 말이나 행동에 힘이 없고
그의 혀조차도 재갈이 물려진단다.

가난 2[22]

키르노스야, 극빈자에게는
차라리 죽는 것이
고통스런 가난에 짓눌려 사는 것보다 낫단다.

고귀한 삶[23]

나는 너에게 좋은 충고를 주려 한다.
내가 어릴 때 고귀한 사람으로부터 배운 거란다.
지각이 있어야 된다.
그래서 부끄럽거나 정의롭지 못한 일을 해서
명예나 지위, 재산을 얻으려 하면 안 된단다.

전화위복[24]

키르노스야, 재난이 닥치면 심장은 움츠러들어 작아지지만,
네가 그걸 극복하고 나면
전보다 훨씬 크게 자라는 거란다.

---

22) 181-2행.
23) 27-30행.
24) 361-2행.

타락25)

좋은 것을 나쁘게 만드는 것이
나쁜 것을 좋게 만드는 것보다 쉽다.

중용26)

키르노스야, 모든 사람들이 우왕좌왕하더라도 너무 불안해하지 마라.
나처럼 중용을 지켜라.

최후의 날27)

저 넓고 높은 하늘이 언제
태양과 공포를 지니고 나에게 무너질지 모른다.
지상의 모든 사람에게 파멸을 몰고 올 것이다.
그날이 오면 나는 더 이상 친구와 함께 서 있을 수도 없고
적들을 더 이상 비난할 수도 없을 것이다.

---

25) 577행.
26) 219-20행.
27) 869-72행.

차선책28)

가장 좋은 것은
세상에 태어나지 않는 것이다.
눈부시게 타오르는 태양빛을 바라보지 않는 것이다.
그러나 태어난 이상
하데스의 문턱을 가능한 빨리 지나
대지의 거대한 방패 아래 눕는 것이 차선책이다.

최고의 것들29)

가장 고귀한 것은 정의이고,
가장 유용한 것은 건강이고,
가장 큰 기쁨을 주는 것은
원하는 대상을 얻는 것이다.

심사숙고30)

키르노스야, 머리로서 가슴을 통제하지 못하는 사람은
언제나 곤란한 문제에 빠지고 당혹해하는 걸 보아왔단다.

---

28) 425-8행.
29) 255-6행.
30) 631-2행.

최선의 삶[31]

키르노스야, 비천한 일을 멀리 하고
또 비천한 일이 너에게 다가오지 못하게 한다면,
너의 인생은 네가 알고 있는 것 중
최선의 삶을 사는 것이란다.

유연성[32]

키르노스야,, 유연한 성품을 가져서,
함께 하는 친구의 기분에 맞게 바꾸어라.
나긋나긋한 다리를 많이 가진 문어가 바위에 몸을 붙이고
거기에 맞게 색깔을 바꾸고 자신을 숨기는 걸 보아라.
네가 문어처럼 살려면, 수시로 피부색을 바꾸어라.
언젠가 너는 깨달으리라.
유연한 것이 늘 똑같이 완고한 것보다 낫다는 것을.

신뢰[33]

키르노스야, 네 생각에 중요한 목표를 가진 일을 할 때는
천한 사람들을 신뢰하거나 그들에게 자문을 구하지 마라.
좋은 사람을 찾아가기 위해
너는 기꺼이 먼 길을 떠나갈 준비를 해야 한단다.

---

31) 1177-8행.
32) 213-8행.
33) 69-72행.

교우34)

그리고 정직하지 못한 사람들과는 사귀지 마라.
고귀한 사람들과는 항상 얼른 사귀고
함께 마시고, 먹고, 대화하고, 장점을 찾아라.
그들은 부와 영향력을 지니고 있을 거다.
건전한 사람들로부터 건전한 교훈을 배울 수 있을 거다.
네가 고귀한 사람과 나쁜 사람들을 혼동하면
네가 가진 지각을 잃을 것이다.
내 말을 명심하여 고귀한 사람들과 교우하면
언젠가는 내 충고가 옳다는 것을 인정하게 될 것이다.

선별35)

키르노스야, 신뢰 있는 사람은
국가가 흔들릴 때 가치가 드러난단다.
밑에 가라앉는 무거운 금과 은처럼.

진짜와 가짜36)

키르노스야, 가짜 금과 은은 끈질긴 악이지만,
전문가는 진위를 쉽게 구별해낸다.
친구들은 마음속에 자신의 비밀스런 거짓을 품고
그의 흉중에는 속임수를 감추고 있다.

---
34) 31-8행.
35) 77-8행.
36) 119-28행.

신이 인간에게 내려준 것 중 이것이 가장 가짜이고 가장 악한 것인 바,
그러한 기만은 여간해서 드러나지 않기 때문이란다.

남자건 여자건 무거운 짐을 지워보기 전에는 그 성품을 알 수가 없다.
또한 그 상품을 검사해보기 전에는 판단을 할 수가 없다.
외양은 속이기가 너무 쉽기 때문이란다.

진정한 친구 1[37]

키르노스야, 네가 불행하거나 재난을 당했을 때
행복하거나 성공했을 때와 똑같이 마음을 써주고 함께 애서 주는
그런 친구는 아주 적단다.

진정한 친구 2[38]

키르노스여, 겉 다르고 속 다른 나쁜 친구는
친구라기보다는 적이라고 생각해라.

겸손[39]

키르노스야, 매사 너무 큰소리치지 마라.
하룻밤이 지나면 어떤 변화가 일어날지 아무도 모른단다.

---

37) 79-82행.
38) 91-2행.
39) 159-60행.

유산[40]

키르노스야, 자식들에게 남겨줄 재산으로서
정의로운 사람을 존경하고 본받게 하는 것이 최고란다.

인심 1[41]

키르노스야, 보상을 바라고 추방당한 자를 돕지 마라.
귀향하고 나면 그는 이미 과거의 그가 아니란다.

인심 2[42]

키르노스야, 사람에게 재난이 닥치면
누구도 그의 친구가 되려 하지 않는다.
같은 자궁에서 나온 형제조차도 마찬가지란다.

우정[43]

키르노스야, 사악하게 중상모략하는 혀를 믿고서
우정을 파기하지 마라.
친구가 실수한 모든 일들을 가지고 화를 낸다면
우정과 조화도 결코 이루어질 수 없네.

---

40) 132-3행.
41) 333-4행.
42) 299-300행.
43) 323-8행.

인간들은 누구나 실수를 하게 마련이네.
키르노스여, 오직 신만이 티끌만한 빈틈도 없단다.

속임수44)

키르노스야, 적을 속이는 일은 어렵다.
그러나 친구가 친구를 속이는 일은 아주 쉽단다.

좋은 아내45)

키르노스야, 좋은 아내보다 달콤한 것은 없다.
나는 자신 있게 말할 수 있다.
그러나 직접 살아보기 전에는 알 수가 없단다.

사랑46)

키르노스야, 사랑은
젊은이에게
달콤하고, 쓰고,
소중하며, 잔인하다.
성공하면 달콤하지만,
실패하면 그 어떤 것보다도

---

44) 1219-20행.
45) 1225-6행.
46) 1353-5행.

견딜 수 없이 고통스럽단다.

젊은 날47)

기쁨을 누릴 수 있을 때
즐거운 일과 축제에 마음껏 몰두하자.
빛나는 젊음은 생각과도 같이 빨리 지나간다.
자기의 기수를 창병으로 생각하고 돌진할 때의 말
밀 새싹이 돋아나는 너른 평원을 기쁘게 달릴 때의 말
보다도 훨씬 빠르다.

키르노스에 대한 불평48)

키르노스야, 나의 시는 너에게 날개를 달아 주어서
너는 쉽게 넓은 바다와 먼 땅 끝까지 날아갈 수 있다.
너는 모든 연회와 즐거운 축제에 참석할 수 있고
사람들은 이구동성으로 너를 입에 올린단다.
우아하고 사랑스런 소년합창대는 피리의 소리에 맞춰
달콤하고 맑은 목소리로 너를 노래한다.
언젠가, 네가 어두운 대지 속을 걸어 내려가
슬프게 울며 하계의 방에 도달한다 해도
너의 명성은 결코 너를 떠나지 않고
모든 시대의 사람들은 너의 불멸의 이름을 기억하리라.
키르노스야, 너는 말도 타지 않고 그리스 본토를 이리저리 지나
물고기들이 우글거리는 바다의 섬으로 왔다.

---

47) 983-8행.
48) 237-54행.

제비꽃 화관을 쓴 뮤즈가 최상의 빛나는 선물을 주어
너는 이리로 지체 없이 오게 된 것이다.
지금 노래를 즐기는 사람들이나 또 미래의 사람들이나
하늘과 땅이 존재하는 한 너를 노래하리라.
그런데 너는 조금도 나를 존경하지 않고, 내게 거짓말이나 하는구나.
마치 내가 어린애일 때 그랬던 것처럼.

아폴론 찬가[49]

오, 아폴론 신이여, 제우스와 레토[50]의 아들이여,
저는 노래를 시작하거나 끝낼 때
언제나 당신을 잊지 않고 찬양할 것입니다.
항상 노래의 처음과 끝이나 중간에 당신을 찬양할 것입니다.
저에게 귀를 기울여 주시고
저에게 좋은 일을 내려 주십시오.
포이보스[51]여, 여신 레토가 수레바퀴처럼 둥근 호숫가에서
가느다란 손으로 종려가지를 잡고
불멸의 지고한 아름다움을 지닌 당신을 낳았을 때,
신성한 제단이 있는 델로스[52]의 강가에까지
감로향이 가득 넘쳤습니다.
거대한 대지에 웃음이 넘치고
깊은 바다도 흰 포말을 일으키며 기뻐했습니다.

---

49) 1-10행.
50) Leto. 티탄 족 신 코이오스와 포이베의 딸로, 아폴론과 아르테미스의 어머니.
51) Poibos. "밝게 빛나는"이란 의미로서 태양신 아폴론의 별명.
52) Delos. 에게 해의 키클라데스 군도의 중심 섬으로서 아폴로와 아르테미스의 출생지이며 그들의 숭배지.

핀다로스(Pindaros)

합창 서정시의 일인자로 평가되는 그는 BC 518년(또는 522년) 보이오티아의 테베 근처 키노스케팔레의 귀족 가문에서 태어났다. 그는 아이스킬로스보다 조금 젊고 바킬리데스와 동시대인으로 살았다. 젊은 시절은 아테네에서 음악을 공부하며 자신의 재능을 키웠으며, 그리스의 전국의 많은 유력 가문과 관계를 맺었다. 그는 테베와 스파르타에서 유력한 귀족 가문의 일원이었다. BC 498년 그가 20세가 되던 해 처음으로 피티아 송가 10을 쓰도록 위촉받았다. 쓰여진 날짜를 확인할 수 있는 것 중 최후의 작품은 BC446에 쓰여진 피티아 송가 8이다. 그러므로 그가 직업 시인으로 활동한 것은 50년이 넘을 것으로 추정된다. BC 496년경에는 아테네에서 열린 주신 찬가 경연대회에서 우승하였다. BC 476년 시칠리아로 가서 시라쿠제의 참주 히에론, 아크라가스의 참주 테론으로부터 큰 환대를 받았다. 거기서 시모니데스, 바킬리데스와 함께 시 경연대회에 참석하였는데, 핀다로스가 항상 우승하지는 못했다. 바킬리데스는 시칠리아에 가지 않았다는 주장도 있다. BC 438년에 80세의 나이로 죽었다.

알렉산드리아의 학자들에 의해 17권의 책으로 나뉘어 전하는 그의 작품은 대부분 합창곡으로서 다양한 장르를 포함한다. 승리의 송가를 포함하는 4권의 책은 거의 완벽하게 남아 있다. 승리의 송가는 델포이, 올림피아, 네메아, 코린트의 이스트모스 경기에서 승리한 자를 찬양하는 시이다. 시인의 임무가 인간의 탁월성을 시에 담아 영원히 남기는 것이라는 그리스 문학의 전통을 잇는 것이다. 그의 양식은 여러 종류의 언어—알크만, 이비코스, 스테시코로스, 시모니데스, 바킬리데스 등—가 혼합된 농축적이면서도 도리아 풍이 강한 극히 개성적인 것이다.

그는 정치와 종교에서 귀족 계급의 수구적 관점을 지녔다. 그 스스로가 당시 무너져가는 귀족 계급에 위기감을 느끼고 있었다. 그의 송가 대부분은 신과 영웅의 영광과 동시대 귀족 계급의 업적과 가치를 찬양하는 것이다. 어떤 평자는 그의 관점과 이념이 현실성이 없고 자신의 것인지 의심되므로 그의 뛰어난 수사적 기술만이 연구할 가치가 있다고 혹평한다. 시의 장엄함과 건축술에서 그는 당대의 누구와도 견줄 상대가 없었다. 핀다로스는 어떤 그리스의 서정시인보다도 후대에 심대한 영향을 주었다. 로마 시대를 이어 근대의 송가 대부분은 그의 혈통이라고 평가된다.

아홉 명의 서정시인 중 핀다로스가 가장 위대하다. 그의 영감에 넘친 장엄함, 사유와 비유의 아름다움, 어휘와 사건의 풍부함, 유창한 웅변조, 독특함은 호라티우스가 바르게 지적한 것처럼 그를 모방할 수 없게 만든다.

퀸틸리안

올림픽 송가 3
―BC 476년 전차 경주에서 우승한 아크라가스[1]의 테론[2]을 위하여

틴다레우스[3]의 위대한 아들들[4]이여, 존경하는 손님들이여,
그리고 사랑스런 삼단머리를 가진 헬렌이여,
나는 당신들의 기쁨을 기도합니다.
내 목소리가 울려 퍼져 유명한 아크라가스를 칭송하고
올림픽 경기 우승자인 테론의 이름과 그의 지칠 줄 모르는 말을 기리기 위해 송가를 지으려 합니다.
그러면 뮤즈는 분명히 내 곁에 머물며
화려한 축제의 노래를 부르는 내 목소리에
도리아[5] 운을 넣은 새롭고 멋진 곡조를 가르쳐줄 것입니다.

그의 머리 위의 월계관은
신이 나에게 부여한 직분을 다해
플루트의 청명한 소리와 리라의 풍부하고 부드러운 소리를 시구에 조화롭게 섞어
아이네시다모스[6]의 아들을 위해 바치게 합니다.
우승자와 사람들에게 신성한 노래를 선사하게 하는
피사[7] 또한 나에게 노래를 부르도록 합니다.

---

1) Akragas. 시칠리아 섬의 남쪽 해변 도시로 경치가 아름다움.
2) Theron. 올림픽 경기 우승자로 아크라가스의 독재자임.
3) Tyndareus. 카스트로와 폴리데우케스의 아버지.
4) Dioskouri. 그리스 어로 'Dios Kouri'는 문자적으로 '제우스의 아들'을 뜻하나 여기서는 카스트로(Kastor)와 폴리데우케스(Polydeukes)를 가리킨다. 제우스와 레다 사이의 쌍둥이 아들로 용기 있는 신이나 인간으로 간주되며 후에는 쌍둥이별자리와 동일시됨. 제우스와 레다 사이에서 태어났고, 카스트로와 폴리데우케스와 클리타임네스트라와 쌍둥이 형제임. 레다는 라케다이몬 왕 틴다레우스와 이미 결혼한 상태였는데 제우스가 백조로 변신하여 레다와 결합한 날 밤, 레다는 인간인 남편과도 사랑을 나누었다. 그 결과 레다는 쌍둥이 넷을 낳았는데, 폴리데우케스와 헬레네는 제우스의 아이들이며, 카스토르와 클리타임네스트라는 틴다레우스의 아이들이다.
5) Doria. 고대 그리스 중부 지방으로 스파르타 인들의 고향으로 알려짐.
6) Ainesidamos. 테론의 아버지.
7) Pisa. 펠로폰네소스의 도시로 올림피아와 가까우며 종종 그와 동격으로 취급됨.

핀다로스(Pindaros) 211

헤라클레스가 만든 오랜 의례를 따르는, 공정한 눈을 가진 그리스 인 아이톨
리아8) 심판관은
승리자의 이마와 머리 위에 녹색 월계관, 빛나는 영광을 얹어주네.
오래 전에 암피트리온9)의 아들은
이스트리아10)의 그늘진 샘가로부터 월계수를 가져와서
지금은 올림픽 경기의 가장 멋있는 상징이 되었습니다.

그는 아폴론을 섬기는 히페르보레아11) 백성들을 설득했습니다.
제우스의 호의가 들어간 숲을 만들어서
모든 사람들이 그 그늘 아래 와서 쉬게 하고
대단한 업적을 이룬 사람들에게 관을 만들어 주자고
타당한 말로 간청했습니다.
그는 오래 전부터 그의 아버지를 위해 신성한 제단이 세워지고
저녁에 보름달은 밝은 미소를 황금마차에 주는 것을 보아왔습니다..

그리고 그는 알페우스12)의 신성한 강둑 위에서 열리는
거대한 경기와 성스런 심판, 그리고 4년마다 개최되는 축제를 만들었습니다.
그러나 크로노스13)의 자손인 펠롭스14)의 땅과 계곡은

---

8) Aitolia. 그리스의 한 지방으로 신화 속에서 칼리도니아의 멧돼지 사냥의 고향으로 유명함.
9) Amphitryon. 페르세우스의 손자이며 알크메나의 남편. 암피트리온의 아들은 헤라클레스를 지칭함.
10) Istria. 이스트로스 또는 다뉴브 강 근처의 지방.
11) Hyperborea. 말뜻은 언제나 해가 빛나는 땅이라는 의미를 지니고 있으나. 여기서는 가장 북쪽 지방이라는 의미로 사용함.
12) Alpheus. 그리스의 가장 큰 강의 하나. 사냥꾼인 알페우스가 님프 아레토시아를 쫓을 때, 그녀는 샘으로 변하고 그는 강으로 변함.
13) Kronos. 제우스의 아버지.
14) Pelops. 크로노스의 증손자이자 제우스의 손자. 프리지아의 왕 탄탈로스의 아들. 일찍이 탄탈로스는 신들을 식사에 초대하여 자기의 아들 펠롭스를 썰어서 만든 요리를 제공하고 그 사실을 신들이 알아채는지 시험하였다. 신들은 눈치 채고 먹지 않았으나 여신 데메테르만은 딸을 잃은 슬픔에 잠겨 있다가 어깨의 살을 먹고 말았다. 나중에 신들은 사체를 가마에 쪄서 되살렸으나 어깨 부분의 살만은 모자라 상아로 대신하였다. 그래서 펠롭스는 그의 자손에 이르기까지 어깨 부분이 상아처럼 희었다고 한다. 나중에 펠롭스는 피사의 왕 오이노마오스의 딸 히포다메이아에게

아름다운 나무들을 기르지 못했습니다.
혹독한 햇볕에 나무 없는 정원이 대책 없이 고통 받는 걸 보고
결국 그는 이스트리아로 여행하기로 결심했습니다.

거기서 말타기를 좋아하는 레토의 딸은
아르카디아15) 높은 산과 바람 부는 계곡을 지나오는 그를 맞이했습니다.
그는 에우리스테우스16)의 요청과 아버지의 명령에 따라
황금뿔을 가진 사슴을 잡아오도록 되어 있었습니다.
그 사슴은 타이게테17)가 경건한 선물로 아르테미우스에게 바치도록
제물의 징표를 찍어 놓았던 것입니다.

사슴을 뒤쫓다가, 그는 황량하고 언 보레아 뒤에 펼쳐진 유명한 땅을 바라보았습니다.
그때 그는 나무들을 바라보고는 놀라서 오래 서 있었습니다.
말들이 트랙을 열두 바퀴 돌고 난 결승점에
그 나무들을 심고 싶은 욕망이 그를 사로잡았습니다.
그래서 그는 이런 규칙을 축제에 넣을 계획에
가슴이 넓은 레다의 신성한 쌍둥이 아들18)과 함께 왔습니다.

청혼하였는데, 사위의 손에 죽게 된다는 예언을 두려워한 왕은 전차 경기를 제안하여, 왕에게 지는 자에게는 목숨을 구하기로 하였다. 펠롭스는 왕의 마부 미르틸로스를 매수하여 왕의 수레바퀴가 빠져나가도록 함으로써 왕은 죽고 히포다메이아를 아내로 삼았다. 그러나 그 후 그는 미르틸로스를 바다에 던져 죽였으므로 저주를 받아 펠롭스의 자손은 대대로 불행하게 되었다.

15) Arkadia. 펠로폰네소스의 중부 지방. 아르카디아 인들은 자신들이 고대 그리스에서 가장 오래된 백성이라 생각했음. 후대인들에게 이상향으로 묘사됨.
16) Eurysteus. 아르고스의 왕으로 헤라클레스에게 12가지 일을 수행토록 함.
17) Taygete. 타이게타(Taygeta)라고도 하며, '목이 긴'이라는 뜻이다. 티탄 신족의 거인 아틀라스와 오케아노스의 딸인 플레이오네 사이에서 낳은 7명의 님프 플레이아데스 가운데 하나이다. 스파르타 서쪽에 있는 타이게토스 산맥에 살면서 아르테미스를 섬기며 사냥을 하였다. 타이게테는 자매인 마이아, 엘렉트라와 마찬가지로 제우스의 사랑을 받았는데, 순결의 상징인 아르테미스는 타이게테가 제우스의 유혹에서 벗어날 수 있도록 암사슴으로 변하게 하였다. 그러나 타이게테는 제우스를 피하지 못하고 결국 관계를 맺어 스파르타의 조상이 된 라케다이몬을 낳았다. 거인 사냥꾼 오리온에 의해 7년 동안이나 추격당하자 제우스가 7자매를 별자리로 만들어 하늘에 올렸다 한다.

핀다로스(Pindaros) 213

나무들을 구해 높은 올림포스로 온 후,
그는 용감한 가슴의 우월성과 전차의 속력을 겨루는
이 장관의 경기를 열도록 주재했습니다.
틴다레오스의 아들, 훌륭한 기수, 테론과 그의 가족에게 승리의 영광이 돌아간 것을
나는 가슴 벅차게 선포하게 합니다.
모든 인간들 중 누가 그들 가족에게 최대한의 환영과 푸짐한 성찬을 선물하고
하늘의 축복받은 신들에게 바치는 의식에 충성스런 숭배를 보장할 수 있는가?

만약 물이 가장 좋은 것이고, 인간의 재물 중 황금이 가장 값진 것이라면,
테론은 자신의 용감한 업적을 통해,
헤라클레스의 기둥에 도달하듯 최고의 높은 봉우리에 도달한 것입니다.
그 길은 현명한 자나 어리석은 자나 쉽게 갈 수 없고
나 또한 미치지 않았기에 감히 도전할 엄두를 내지 못합니다.

올림픽 송가 11
―BC 476년 권투 경기에서 우승한 로크리아[19]의 하게시다모스[20]를 위하여

사람들은 때때로 넓게 불어오는 바람을 갈망합니다.
또 때로는 구름의 자식인 비를 내려달라고 하늘에 기도합니다.
한 사람이 온갖 고난 끝에 큰 성공을 이루어 놓으면
사람들은 큰 합창단이 부를 멋진 송가를 지어
그의 용감한 업적이 영원한 이야기로 전해지게 합니다.
이는 결코 깨지지 않는 보증과 같습니다.

---

18) 카스트로와 폴리데우케스를 지칭함.
19) Lokria. 법률로 유명한 이탈리아 남부의 고대 그리스 도시.
20) Hagesidamos. 올림픽 경기에서 우승한 로크리아의 권투 선수.

올림픽 우승자에게 기꺼이 주기 위한 찬사는
뮤즈가 보살피는 시인만이 풍부하게 간직합니다.
노래의 꽃은 뮤즈의 선물을 받은 시인의 가슴 안에서만 태어날 수 있습니다.
아르케스트라토스[21]의 아들인 하게시다모스여,
그대의 권투 경기 우승을 위하여, 나는 시로서 보증하고,
노래로서 그대의 올리브 월계관의 광휘를 전하고,
서쪽 하늘 아래 로크리아의 백성의 명성을 퍼지게 합니다.

뮤즈여, 승리의 노래를 짓는 나에게 와 주십시오.
확신하건대, 당신은 어디에 가든 환영받을 것입니다.
그들은 시에 있어서나 전장에 있어서 성취의 높이를
제멋대로 늘리는 무례한 자들이 아닙니다.
왜냐하면 붉은 여우도 울부짖는 사자도
타고난 자신의 본성은 바꿀 수 없기 때문입니다.

올림픽 송가 12
―BC 472년 장거리 경보 우승자인 히메라[22]의 에르고텔레스[23]를 위하여

제우스의 딸이여, 자유의 여신이여, 구원의 여신이여,
히메라를 보호해 달라고, 히메라를 강력하게 만들어 달라고
당신께 기도합니다.
당신은 바다에서는 배를 항로에 따라 빠르게 인도하시고
땅에서는 사나운 전쟁의 진행을 통제하시고
지혜로운 자문을 주는 회합을 주재하십니다.
인간의 희망은 거짓된 환영의 바다를 흔들리며 지나는 동안
높이 솟았다 다시 깊이 떨어집니다.

---

21) Archestratos. 하게시다모스의 아버지.
22) Himera. 시칠리아 섬 북쪽 해안의 고대 그리스 도시.
23) Ergoteles. 올림픽 우승자였으나 크레테의 크노소스에서 정치적 이유로 추방됨.

지상에 태어난 어떤 사람도
신이 정한 다가오는 미래의 확실한 징표를 알 수 없습니다.
다가오는 시간에 대한 예지의 눈은 멀었습니다.
인간의 생각은 불의의 사건에 의해 자주 좌절되어
기대했던 기쁨이 어긋나서 실망하기도 하고,
갑자기 몰려온 슬픔의 고통을 만났다가도
순식간에 깊은 슬픔이 커다란 행복으로 바뀌기도 합니다.

필라노르[24])의 아들이여,
사람들 사이의 싸움 때문에 고향 크노소스[25])에서 추방되지 않았다면,
그대는 집안의 기둥만이 보아주는 기술 좋은 싸움닭처럼
그대의 빠른 다리의 영광은 칭송되지 않고
고향에서 가을 낙엽처럼 시들어버렸을 것입니다.
그러나 에르고텔레스여,
그대는 지금 올림픽 경기에서 월계관을 쓰니
피토[26])와 이스트모스에서 두 번 우승했습니다.
그대는 새로운 고향 히메라, 님프[27])들의 핫스프링[28])에
큰 영광을 선물해 주었습니다.

---

24) Philanor. 에르고텔레스의 아버지.
25) Knossos. 크레타 섬에 있는 고대 그리스 도시.
26) Pytho. 델포이의 옛 이름. 아폴론의 별명이기도 함.
27) Nymph. 산, 숲, 초원, 물속에 사는 요정. 흔히 소녀로 묘사됨.
28) Hot Spring. 온천의 요정. 끝없이 튀어 오르는 온천물을 비유한 듯함.

피티아[29] 송가 10
―BC 498년 왕복달리기[30] 경기에서 우승한 테살리아[31]의 히포클레아스[32]를 위하여

라케다이몬[33]은 행운이 있고, 테살리아 사람은 축복을 받았습니다.
양쪽 다 한 조상으로부터,
가장 용감한 전사 헤라클레스의 혈통으로부터 태어났습니다.
혹시 지나친 칭찬은 아닐까? 하지만
피티아와 펠리나[34]는 나를 소환하고,
알레우아스[35]의 아들들은 나에게 목소리 맑은 합창단이 부를 승리의 노래를 히포클레아스에게 선물하도록 합니다.

그는 왕복달리기 경주에 참가해, 탁월하게 우승함으로써
파르나소스 부근에 사는 많은 마을 주민들에게 그의 이름을 전합니다.
오, 아폴론 신이여, 인간의 모든 일은 시작이든 종말이든
하늘의 뜻에 달려 있습니다.
그의 승리는 의심의 여지없이 우선 당신의 호의에 의해,
다음으로 그의 아버지로부터 타고난 혈통에 기인합니다.

그의 아버지는 아레스의 무기로 완전무장하고 달리는
올림픽 경기에서 두 번이나 우승하였습니다.
키르하[36] 암벽 아래 질푸른 초원에서 열린 경기에서

---

29) Pythia. 델포이에 있던 아폴론 신전의 무녀 이름. 델포이와 동의어로 사용됨. 피티아 경기는 4년마다 델포이에서 열리던 경기로 그리스 4대 축제의 하나임.
30) Double stade race. 400미터 정도 거리의 왕복달리기 경기의 한 가지. 그리스어로 Diaulos임.
31) Thessalia. 그리스 북쪽 지방. 신화 속에서 켄타우로스의 고향이자 마법사의 나라로 알려짐.
32) Hippokleas. 왕복달리기 경기 대회에서 우승한 사람.
33) Lakedaimon. 스파르타 사람을 말함. 신화 속에서 라케다이몬은 제우스 신과 타이게테 사이의 아들로서 스파르타와 결혼하고 그의 도시 이름을 스파르타라고 지음.
34) Pelinna. 테살리아 지방으로 히포클레아스의 출생지.
35) Aleuas. 테살리아 지방의 지배자인 그의 아들들(특히 토락스)에 의해 경기가 개최됨.
36) Kirrha. 델피에 있는 절벽.

빠른 발을 가진 프리키아스37)를 물리치고 우뚝 선 것입니다.
미래의 운명도 둘 모두에게 호의적이어서
그들의 영광을 드러내는 큰 꽃을 피우기 바랍니다.

모든 그리스 인들에게 준 귀중한 기쁨이 적지 않은 것이므로.
신들이 질투하여 그들의 운명을 바꾸지 않을까 두려워합니다.
부디 신들의 가슴에 괴로움이 일지 않기를 바랍니다.
지혜로운 자들의 판단으로 보아서
시인이 찬양의 노래를 줄 만큼 행복하고 가치 있는 사람이 있습니다.
그들은 뛰어난 손기술이나 빠른 발을 가지고 힘과 용맹함으로 최고의 상을 타거나.

살아있는 동안 자신의 젊은 아들이 피티아의 월계관을 쓰는 걸 보는 사람들입니다.
그들은 결코 청동빛 하늘까지는 결코 오를 수 없지만,
최선을 다해 자신의 길을 간 끝에
죽을 운명의 인간들에게 주어질 수 있는 최고의 영광을 얻은 것입니다.
우리가 배를 타거나 걸어서 자유롭게 방랑하더라도
히페르보레아 사람들이 얻은 놀라운 길을 찾지 못할 것입니다.

언젠가 왕자 페르세우스38)가 히페르보레아 사람들에게 향연을 베풀고자 그

---

37) Phrikias. 히포클레스와 함께 경기에 참석한 상대 선수.
38) Perseus. 아르고스의 왕 아크리시오스의 딸인 다나에와 제우스 사이의 아들. 고르곤 중 하나인 메두사를 죽였으며, 바다 괴물로부터 안드로메다를 구출했다. 아크리시오스는 손자가 자기를 죽이게 되리라는 예언 때문에 갓 태어난 페르세우스와 다나에를 큰 궤짝에 넣어 바다로 던져버렸는데, 궤짝은 세리포스라는 섬에 닿았고 페르세우스는 그곳에서 자라게 되었다. 다나에를 아내로 맞고 싶어 하던 세리포스의 왕 폴리덱테스는 흉계를 꾸며 페르세우스에게 고르곤들 중에 유일하게 죽일 수 있는 메두사의 머리를 가져오게 만들었다. 페르세우스는 헤르메스와 아테네의 도움을 받아 고르곤들을 지키는 자매인 그라이아들을 위협해 그를 돕게 한다. 세 자매가 함께 쓰고 있는 눈 하나와 이빨 하나를 빼앗은 다음 마음대로 날 수 있는 날개 달린 신발과 몸을 안 보이게 하는 하데스의 투구, 메두사의 목을 치는 데 쓸 휘어진 칼(또는 낫)과 잘린 머리를 담을 자루를 얻고 나서야 그들에게 눈과 이빨을 돌려주었다. 그러나 다른 설에 따르면 그라이아 자매는 그를 저승의 님프들에게 안내한

들의 회당에 발을 들여놓을 때,
　　그들은 신들에게 훌륭한 희생물인 당나귀를 바치고 있었습니다.
　　아폴론은 그들의 축제와 찬가에 매우 기뻤고
　　산 채로 울부짖는 짐승을 보고 미소 지었습니다.

　　뮤즈는 그들의 삶의 모든 일에 참가하여
　　처녀합창단은 노래를 시작하고 리라와 플루트는 소리를 냅니다.
　　축제 참가자들은 황금빛 관을 머리에 쓰고 유쾌하게 흥청거립니다.
　　질병도 노년의 비참함도 그 신성한 백성을 괴롭힐 수 없고
　　힘든 고난도 전쟁도 그들로부터 멀리 있습니다.

　　그들은 복수의 여신의 엄습으로부터도 안전하게 살고 있습니다.
　　다나에39)의 아들 페르세우스는 오래 전에 여신 아테네의 인도에 따라
　　거기 축복받은 사람들의 땅으로 용감하게 갔습니다.
　　그는 고르곤을 죽이고는, 뱀 모양 머리카락이 어지러운 머리를 가지고 돌아와서
　　섬사람들을 돌로 바꿔 버렸습니다.

　　신이 섭리하는 일이라면,
　　내 믿음을 넘어서는 어떤 일이 일어나더라도 나는 조금도 놀라지 않습니다.
　　갑자기 노가 멈추고 뱃머리에서 닻이 빠르게 밑으로 떨어져서
　　배를 고정시켜서 암초에 부딪치는 것을 막아줍니다.
　　그러면 꽃에서 꽃으로 날아다니는 벌떼처럼
　　승리의 노래가 한 이야기에서 다른 이야기로 꼬리를 물고 샘솟습니다.

　　내가 바라는 것은,

일만 했고, 님프들이 페르세우스에게 고르곤들이 사는 곳을 알려주고 자루·신발·투구를 주었으며, 그에게 칼을 준 사람은 헤르메스라고 한다. 메두사의 눈을 보면 누구나 돌로 변해 버리기 때문에 페르세우스는 아테나가 준 방패에 비친 모습을 보면서 메두사가 잠들어 있는 사이에 그 목을 베었다. 세리포스로 돌아온 페르세우스는 폴리덱테스와 그 부하들에게 메두사의 머리를 쳐들어 돌로 만들어 버리고 어머니를 구했다.

39) Danae. 페르세우스의 어머니.

에피라40) 사람들이 페네이오스41) 강둑에서 내 달콤한 노래를 불러서,
히포클레스가 그의 승리의 월계관으로 말미암아
모든 젊은이에게서나 연장자에게서나 찬양을 받고
젊은 처녀들에게는 선망의 대상이 되는 것입니다.
정말, 한 가슴은 다른 가슴을 동경하기 때문입니다.

모든 사람들은 노력하여 열망하는 것을 갖게 되면
그의 생각은 오늘의 기쁨으로 가득 차오릅니다.
그러나 일 년 후 무슨 일이 닥칠지는 아무도 알 수 없습니다.
나는 토락스42)의 호의와 우정을 믿습니다.
그는 나의 기쁨을 위해 열의를 다했고,
네 마리 말이 끄는 뮤즈의 전차43)를 이리 오도록 했으며,
우리들이 서로 기꺼운 친구와 안내자가 되도록 인도했습니다.

시금석 위에서 황금이 가치를 드러내는 것처럼
올바른 마음도 그렇게 빛을 드러냅니다.
나는 또한 그의 고귀한 형제들도 칭송하려 합니다.
그들이 테살리아를 번성시키고 영광스럽게 하기 때문입니다.
세대를 이어 고귀한 사람들의 손이 도시를 안전하게 이끌고 갑니다.

아테네

빛나는, 제비꽃으로 뒤덮인,
노래가 흐르는,
헬라스의 받침대, 영광스런 아테네여,
신성이 넘치는 도시여.

---

40) Ephyra. 테살리아 지방을 지칭함.
41) Peneios. 테살리아의 펠리나 지방에 있는 강 이름.
42) Thorax. 피티아 경기를 주재한 사람.
43) 승리의 송가를 비유함.

스파르타

거기에는 최고의 것들이 여럿이네.
원로 의회,
젊은이들의 창,
합창단의 우아함, 뮤즈.

전쟁

전쟁은 겪어보지 않은 사람에게는 감언이설로 들리지만
겪어본 사람에게는
그것이 다가오는 것만 보아도 가슴이 놀라네.

일치

연합된 사회에 조용한 평화가 찾아왔다면
사람들은 이제 빛을 찾아야 한다.
모든 마음의 일치에서 나오는 빛을.

엘리시움44)에서의 부활

우리가 이 세상에서 밤을 맞는 동안에
그곳에는 태양이 찬란한 빛을 쏟아 붓네.
그 마을 주변의 초원엔 붉은 장미꽃이 만발하고

---

44) Elysium. 고대 그리스 신화에서 영웅이나 선한 사람이 죽으면 간다는 이상 세계.

황금빛 열매를 가득 단
향기로운 나뭇가지가 그늘을 짓네.
어떤 사람은 말을 타고, 어떤 사람은 운동을 하고,
또 어떤 사람은 장기를 즐기고, 리라를 연주하네.
모든 사람들이 충만한 기쁨의 꽃을 피우네.
사람들은 연이어 신들의 제단 타오르는 불꽃에 온갖 향을 던져
아름다운 땅을 향기로 가득 덮네.

일식

신은 대낮의 빛나는 태양을
검은 구름으로 가릴 수도 있고,
깊은 어둠으로부터
눈부신 햇살을 끄집어낼 수도 있는
힘이 있네.

바킬리데스(Bacchylides)

시모니데스의 조카인 바킬리데스는 BC 518년경 키클라데스 군도의 케오스 섬에서 태어났다. 핀다로스와 동시대인인데 그보다 조금 젊었던 것으로 추정된다. 아테네에서 핀다로스와 함께 승리의 송가 경연대회에 참가하였으며 핀다로스를 물리치고 우승하기도 했다. BC 468년 78회 올림픽에서 시라쿠제의 히에론이 가장 인기가 높던 전투마차 경주에서 우승한 것을 기리는 송가를 쓴 것은 유명하다. 핀다로스와 시모니데스와 마찬가지로 그리스 인의 후원자를 위해 많은 시를 썼는데, 핀다로스와 동일한 후원자를 가지기도 했다. 핀다로스는 시모니데스와 그에게 호의적이지 않게 언급하고 있다. 그도 핀다로스와 마찬가지로 시인의 역할과 시인과 후원자 사이의 관계에 대해 강한 자의식을 지녔던 것으로 보인다. 그는 한때 펠로폰네소스로 추방되었던 것으로 알려지며, BC 451년경에 죽은 것으로 추정된다. 그의 개인 전기는 많이 전해지지 않는다.

서정시인 중 핀다로스 다음으로 많은 작품이 보전되고 있다. 알렉산드리아 시대 학자들은 9명의 서정시인의 하나로 그를 손꼽고 있으며, 작품을 9권의 책으로 정리해서 전하고 있다. 핀다로스와 마찬가지로 다양한 장르의 작품을 남기고 있다. 그의 언어는 다른 합창시인처럼 그리스 공용어인 코이네이지만, 호메로스 체, 아이올리스 체, 도리아 체가 혼합되어 있다. 그의 양식은 핀다로스보다 명쾌하고 직선적이며 새로 만든 많은 장식적 합성어를 사용하고 있다. 또한 청자들이 시의 내용을 가지고 시의 바깥에서 벌어진 결론을 추론하도록 시를 구성하고 있다. 그는 고전 그리스 시대에서 헬레니즘 시대와 로마 시대에까지 유명했던 것으로 알려지고 있다. 근자에는 바칼리데스를 핀다로스로부터 독립시켜 평가하려는 시도가 있다.

아홉 명의 서정시인이 있네. 알크만, 알카이오스, 사포, 스테시코로스, 이비코스, 아나크레온, 시모니데스, 바킬리데스, 핀다로스
　　　　　　　에우스타티오스(Eustathios), <핀다로스 입문>

송가 3
―BC 468년 올림피아 전차 경주에서 우승한 시라쿠제[1]의 히에론[2]을 위하여

풍요로운 시칠리아의 여왕, 데메테르[3]와
그녀의 딸들인 제비꽃 화관을 쓴 처녀[4]를 노래하십시오.
클레이오[5]여, 달콤한 선물을 주는 자여,
올림피아에서 빠르게 달린 히에론의 말 또한 노래하십시오.

그의 말들은 기수와 함께 탁월한 짝을 이루고 질주하였으며,
알페우스[6]의 강둑을 따라 회오리를 일으키며 장관을 이루었으며,
데이노메네[7]의 아들이 승리의 관으로 축복받게 하였습니다.

무수한 사람들이 나와서 그의 영광을 소리쳤습니다.
"오, 제우스가 헬라스의 가장 고귀한 장소에서 세 번씩이나 행운을 준 이 사람은
그의 높이 쌓이는 재화를 어둠의 옷 아래 감추는 법을 모르는구나!"

성지에는 축제의 희생물이 넘치고,
거리는 친구들에 대한 환대가 넘치고,
신전 앞에 놓인 정교한 삼발이 제단으로부터는 황금이 빛을 발합니다.
이 신전은 포이보스[8]에게 바쳐진 위대한 구역,
그 옆으로는 카스탈리아[9]의 시내가 흐르고, 델포이 사람들이 섬기고 있습니다.
신을 영광스럽게 합시다.

---

1) Syracuse. 시칠리아 섬의 고대 그리스 식민 도시.
2) Hieron. 올림픽 전차 경주에서 우승하고, 나중에 시라쿠제의 참주가 됨.
3) Demeter. 대지, 곡물의 여신.
4) 데메테르의 딸인 페르세포네를 지칭함.
5) Kleio. 뮤즈의 하나로 역사를 관장함.
6) Alpheus. 강의 신.
7) Deinomene. 히에론의 아버지.
8) Phoibos. 아폴론의 별명.
9) Kastalia. 아폴론 신전 옆에 있는 샘.

왜냐하면 신의 힘은 최상이며, 운명을 지배하고 있기 때문입니다.

한때, 제우스가 그의 심판을 내려
사르디스가 페르시아 군대에 정복당하게 되었을 때,
황금 검을 가진 아폴론이
말을 길들이는 땅, 리디아의 왕 크로에수스10)를 보호해 준 적이 있습니다.

그렇게 예기치 못한 날을 맞이했을 때, 크로에수스는 노예가 되어 눈물을 흘리며 살 엄두가 나지 않았습니다.
그래서 그는 왕궁의 청동 벽 앞에 장작더미를 높이 쌓아올린 후,
아름다운 아내와 머리를 땋은 딸들은 가엾이 흐느껴 우는데,

그는 그 위에 올라가 높은 하늘을 향해 두 팔을 들고 크게 외쳤습니다.
"전능한 신이시여, 신들의 은총은 어디에 있습니까?
레토의 아들11)은 어디에 있습니까?
알리아테스12)의 집은 무너지고, 수많은 보물들도 남아 있지 않습니다.

리디아의 오래된 성은 불타고, 파크톨로스13)의 금빛 도는 물은 피로 붉게 물들고,
아내들은 있을 수 없는 폭력에 의해 집밖으로 끌려나옵니다.
이 모든 것은 과거에 제가 증오하는 것이었지만

지금은 제가 겪고 있습니다. 차라리 죽는 게 최선입니다."
이렇게 외치고는, 옆에 있는 하인에게 명하여
장작더미에 불을 붙였습니다.
그의 딸들은 눈물을 터뜨리며 두 팔로 어머니를 부둥켜안았습니다.

인간에게는 자신에게 다가오는 죽음을 보며 죽는 것이 가장 참혹합니다.

---

10) Croesus. 리디아 왕으로 BC 560-545까지 재위함.
11) 아폴론을 지칭함.
12) Alyattes. 리디아를 건국한 왕. BC 619-560까지 재위함. 크로에수스의 아버지.
13) Paktolos. 리디아 수도 사르디스 근처의 강으로 금 생산으로 유명함.

그러나 그때 불꽃이 맹렬하게 타올라 높이 솟아오르자
제우스가 그 위로 검은 구름을 몰아 노란 불꽃을 비로 적시었습니다.

신이 하고자 의도하는 것은 모든 것은 믿음을 벗어나지 않습니다.
그때 델로스에서 태어난 아폴론은 그와 그의 가벼운 발을 가진 딸을
히페르보레아로 데리고 가서 살도록 하였습니다.

왜냐하면 그는 독실하고, 인간 중에 가장 대단한 선물을 신성한 피토14)에게
주었기 때문입니다.
그리고 헬라스에 사는 모든 사람 중에 그 누구도,
대단한 칭송을 받을 만한 히에론, 당신보다 록시아스15)에게 더 많은 금을
주었다고 감히 주장할 사람은 없습니다.

그러므로 악의를 키우는 사람이 아니라면 어느 누구라도
신이 사랑하는 사람을 기꺼이 칭송할 수 있어야 합니다.
말을 사랑하는 사람, 전사, 제우스로부터 왕권을 허락받은 사람을 칭송할 수
있어야 합니다.

제비꽃 왕관을 쓴 뮤즈로부터 자리를 허락받은 사람,
전쟁에 참가하면 가공할 팔을 휘두르는 사람,
그리고 이제 나이가 먹어 축복받은 날을 조용히 바라보며
그날이 얼마 남지 않음을 아는 사람을 칭송할 수 있어야 합니다.

희망은 기만적이어서 우리 인간이 죽을 운명이라는 것을 감춥니다.
신탁의 신 아폴론은 페레스16)의 아들17)에게 이렇게 말했습니다.
"너는 죽을 운명이므로, 너는 두 가지 생각을 함께 가지고 있구나.

내일 태양빛을 마지막으로 볼 것이라는 것과

---

14) Phyto. 아폴론의 별명.
15) Loxias. 아폴론의 별명.
16) Pheres. 그리스 신화 속에서 테살리아 지방에 페라이라는 도시를 건설한 왕.
17) 페레스의 아들 Admetos를 지칭함. 아폴론의 보호를 받음.

앞으로 오십 년 동안 많은 재물 속에서 살리라는 것이다.
너의 경건한 의무를 다해라, 그러면 너의 가슴이 기쁠 것이다.
왜냐하면 이것이 최상의 이익을 주는 길이기 때문이다."

건전한 생각을 가진 사람이라면, 내가 말하는 것이 옳다고 할 것입니다.
저 높은 하늘은 티 없고, 바닷물은 더러워지지 않으며
금은 변색되지 않습니다.
그러나 인간은 백발이 되는 늙음을 피할 수 없고

젊음의 꽃이 다시 피기를 기다릴 수도 없습니다.
그러나 인간이 가진 좋은 것, 빛의 광채는
몸이 소멸한다고 해서 줄어드는 것이 아닙니다.
더욱이 뮤즈는 그것이 더욱 자라나도록 합니다.

히에론, 그대는 사람들에게 번성하는 최상의 화려한 꽃을 보여주었습니다.
성공을 이룬 사람에 대한 침묵은 그 영광을 장식하지 못합니다.
그의 명예를 기억하기 위해서 많은 사람들이 여기
케오스의 달콤한 목소리의 나이팅게일[18]의 우아한 선물을 노래 부릅니다.

---

18) 케오스 섬 출신인 바킬리데스를 지칭함.

테세우스19)

용맹스런 테세우스와 열네 명의 젊고 멋진 이오니아 남녀20)를 실은
검은 뱃머리의 배는 크레타의 넓은 바다를 가로지르고 있었습니다.
전쟁의 수호신 아테네의 은총을 입은
북풍이 불어와 희미하게 반짝이는 흰 돛에 부딪쳤습니다.
그런데 사랑을 일으키는 머리띠를 한 아프로디테의
놀라운 선물이 미노스21)의 가슴에 욕망을 일으키자
그는 억누를 수 없어 한 처녀의 뺨을 만졌습니다.
놀란 에리보이아22)는 판디온23)의 손자인
청동으로 무장한 테세우스에게 도와달라고 소리쳤습니다.
테세우스가 그것을 보자마자, 눈썹 아래 검은 눈은 휘둥그레지고, 심한 고통은 가슴을 찔렀습니다.

---

19) Theseus. 아테네 왕 아이게우스의 아들. 바킬리데스는 이 시에서 포세이돈의 아들로 기술함. 어머니와 그리스 남부에서 아버지가 묻어둔 칼을 찾아 아테네로 올라와 아들임을 증명한다. 그가 도착하기 몇 해 전 불행한 일이 일어났다. 손님으로 아테네를 찾아온 크레타의 왕 미노스의 외아들 안드로게우스를 위험한 곳으로 탐험을 보내 황소를 죽이게 하였다. 미노스는 아테네를 침략하여 사람들을 포로로 잡아갔으며 9년에 한 번씩 일곱 명의 청년과 처녀를 공물로 바치지 않으면 온 나라를 휩쓸 것이라고 선언한다. 공물로 바쳐진 사람들은 괴물 미노타우로스의 먹이가 된다. 미노타우로스는 미노스의 아내 파시페와 아름다운 황소 사이에 태어났다. 포세이돈은 이 황소를 미노스에게 주어 희생물로 쓰려고 하였으나 미노스가 이를 어기고 황소를 지키고 있자 그를 벌주기 위해 파시페와 황소가 사랑에 빠지게 한 것이다. 미노타우로스가 태어나자 미노스는 그를 죽이지 않고 다이달루스라는 건축가를 시켜 미궁을 짓고 거기에 미노타우로스를 가두어 두었다. 한 번 들어가면 출구를 찾지 못하게 되어 미노타우로스의 밥이 되는 것이다. 테세우스는 아테네에 도착하여 자신이 공물의 하나가 되어 크레타로 갔다. 미노스의 딸 아리아드네는 테세우스를 사랑하여 테세우스에게 미궁에서 빠져나오는 방법을 알려준다. 테세우스는 실뭉치를 풀며 미로를 들어가서 미노타우로스를 죽이고는 실을 따라서 탈출하여 공물로 뽑힌 남녀들과 아리아드네를 데리고 배를 타고 아테네로 향했다.
20) 이오니아 남녀는 아테네 남녀를 지칭함. 아테네 인은 아테네가 이오니아의 중심이라고 생각했음.
21) Minos. 제우스와 에우로파 사이의 아들로 크레타 섬 크노소스 시의 전설적 왕.
22) Eriboia. 텔라몬의 아내이자 아이아스의 어머니.
23) Pandion. 제비가 된 프로크네와 나이팅게일이 된 필로멜라의 아버지. 테세우스의 할아버지로 알려짐.

그래서 그는 말했습니다.
"비할 데 없이 뛰어난, 제우스의 아들이여,
당신은 지금 진정 부끄러운 짓을 저지르고 있습니다.
영웅이여, 당신의 그 무례한 폭력을 자제하십시오.

우리의 어쩔 수 없는 운명은 신으로부터 부여받고
정의의 여신이 언제 어떤 쪽에 저울추를 올려놓을 줄 모르므로
우리는 그 정해진 운명의 길을 잠자코 따라가야 합니다.
그러니 당신은 그 잘못된 무서운 계획을 포기해야 합니다.
비록 당신이 이다24) 산 아래 제우스의 침상에서
포이닉스25)의 축복받은 딸로부터 태어난 아들로서
그래서 죽을 인간 중에 최고에 속하지만,
나 역시 부유한 피테우스26)의 딸과 바다의 신 포세이돈
사이에서 태어난 신의 아들입니다. 그때,
제비꽃 화관을 쓴 네레우스27)의 딸들은 그녀에게
금박 베일을 선물로 주었습니다.
그러니 크노소스28)의 무적의 왕이여,
후회의 눈물을 흘릴 그런 무례한 짓을 그만두십시오.
만약 당신이 내 청을 듣지 않고 이 젊은 남녀들 중 하나라도 범한다면,
우리는 서로 힘을 겨뤄야 하고
둘 중 하나는 사랑스런 새벽의 여신의 밝은 빛을 다시 볼 수 없을 것입니다.
물론 심판은 신들이 하겠지요."

용감무쌍한 영웅 테세우스가 이렇게 말하자
항해자들은 그의 대담한 용기에 넋을 잃고 서 있었습니다.
그러자 헬리오스29)의 사위는 이성을 잃고 격노해서
한 사악한 계략을 꾸며내어 말했습니다.

---

24) Ida. 크레타 섬 중앙에 있는 산으로 제우스는 이곳 동굴 속에서 성장했다고 전해짐.
25) Phoinix. 테세우스의 외할아버지로 트로이젠 지방의 왕.
26) Pittheus. 지중해를 지배하는 바다 신.
27) Nereus. 바다의 신. 50명의 딸들인 네레이드를 둠.
28) Knossos. 크레타 섬의 고대 도시. 크레타와 동의어로 쓰임.
29) Helios. 태양의 신 아폴론의 별명.

"아버지, 전능한 제우스 신이여,
만약에 제가 당신의 흰 팔을 가진 신부, 포이닉스의 딸의 아들이 맞는다면
지금 속히 하늘로부터 천둥번개와 불을 내려쳐 주십시오.
그러면 모두가 당신의 징표인 것을 분명히 알 것입니다.
테세우스여, 만약 트로이첸30)에서 온 아이트라31)가 당신을
정말 지진의 신 포세이돈의 아들로 낳았다면,
당신 아버지의 거처인 깊은 바다에 뛰어들어
내 손에 낀 이 빛나는 금반지를 찾아서 가져와 보게.
자, 이제 당신은 크로노스의 아들이자 천둥번개의 신이며 만물의 지배자가
내 기도를 들어주는지 아닌지 알 걸세."

최고의 권력자인 제우스는 그의 간절한 기도를 듣고 승낙하여
많은 사람들 앞에서 사랑하는 아들을 명예롭게 드러내고자
한 줄기 번개를 비춰주었습니다.
이것을 승낙의 징조로 알아챈 미노스는
하늘을 향해 두 팔을 들어 올리고 용맹스럽게 말하였습니다.
"테세우스여, 당신은 지금 제우스 신이
나에게 번쩍이는 번개를 선물로 준 것을 보았네.
자, 이제는 당신이 포효하는 넓은 바다 속으로 뛰어들어,
크로노스32)의 아들이자 당신의 아버지인 포세이돈이
아름다운 나무들이 자라는 땅 너머 신들의 영광 속으로
당신의 명성을 높이는 것을 보일 차례이네."
테세우스는 말을 듣고 조금도 겁내지 않았습니다.
그가 갑판 위에 우뚝 서 있다 뛰어들자
바다 속의 무성한 숲이 그를 조심스레 받아들였습니다.
제우스의 아들은 내심 크게 놀라
정교하게 만들어진 배가 바람을 거슬러 항해하도록 했습니다.
그러나 운명의 여신은 배를 다른 항로로 이끌었습니다.

---

30) Troizen. 테세우스가 태어난 아르골리스의 동남쪽 펠로폰네소스 지방.
31) Aithra. 트로이첸 지방의 왕인 피테우스의 딸로 테세우스의 어머니.
32) Kronos. 티탄 거인족으로서 제우스와 포세이돈의 아버지. 아버지로부터 왕위를 탈취하였으나 제우스에게 다시 왕위를 빼앗김.

그들의 영웅 테세우스는 바다 속에 뛰어들었고
북풍이 고물을 밀어 배가 빠르게 앞으로 나아가자,
그 아테네의 젊은이들은 공포에 질려 떨며,
다가올 큰 위험을 생각하고는
꽃처럼 환한 눈망울에서 눈물을 글썽였습니다.
그런데 바다의 방랑자인 돌고래가 위대한 테세우스를 등에 태워
그의 아버지이자 말의 신인 포세이돈의 왕궁으로 빠르게 인도했습니다.
그는 신들의 위엄 있는 거처에 들어가서 놀란 눈으로
부유한 네레우스의 빛나는 딸들을 바라보았습니다.
그녀들의 팔다리에서는 밝은 불꽃이 환히 빛나고
가벼운 발걸음으로 기쁘게 춤출 때마다
금박 리본들은 땋은 머리칼 속에서 서로 짝을 이루곤 했습니다.
그는 포세이돈의 정식 아내인 암피트리테를 보았습니다.
황소 눈을 가진 그녀는, 보랏빛 아마천 옷으로 그를 감싸 주었던 적이 있고,
그녀의 결혼식 날 꾀 많은 아프로디테가 선물한 정결한 장미 화관을
그의 검은 머리 위에 씌워 주기로 했었습니다.

건전한 생각을 가진 인간이라면
신들이 원해서 하는 일 중에 믿지 못할 일은 없습니다.
테세우스는 팔다리 둘레에 신들이 준 빛나는 선물을 달고
배의 좁다란 고물 옆으로부터 물에 젖지 않은 채 솟아올라왔습니다.
모두에게는 기적으로 보였고
크노소스 왕은 대경실색하였습니다.
빛나는 왕관을 쓴 님프들은 기쁨에 차서 소리 높여 승리를 노래하고,
바다 또한 큰 소리로 떠들썩하고
젊은 남녀들은 사랑스런 목소리로 아폴론 찬가를 불렀습니다.
오, 델로스[33]의 신이여, 당신의 가슴은 케오스[34]의 합창곡으로 흡족합니다.
그러니 우리가 하는 모든 일에 신들의 축복을 내려주십시오.

---

33) Delos. 에게 해 키클라테스 군도의 한 섬으로 아폴로와 아르테미스 신의 출생지이자 숭배지.
34) 키클라테스 군도의 한 섬.

이다스35)와 마르페사36)

광활한 스파르타에서 금발의 처녀들이
노래에 맞춰 춤을 추고 있던 어느 날,
죽음을 모면한 용감한 이다스는
제비꽃 머리띠를 한 마르페사를
자신의 방으로 이끌고 있었네.
바다의 신 포세이돈은
그에게 전차와 바람처럼 빠른 말을 주어
그를 아름다운 도시 플레우론37)과
황금 방패를 든 아레스에게 보냈네.

헤라클레스

오, 아폴론 신이여,
만약 당신이 헤브로스38)의 꽃 피는 강둑 근처 멀리 사냥 중이거나
목이 긴 백조의 달콤한 노래에 취해 즐거워하고 있다면
비록 사랑스런 왕관을 쓴 우라니아39)가

---

35) Idas. 사냥의 영웅이며 아르고 호의 원정 일행 중의 일원. 이다스는 마르페사의 동의를 얻어 그녀를 아버지로부터 납치하여 왔다. 그들은 행복하게 살고 있었는데 아폴로가 그녀를 사랑하여 빼앗으려 하였다. 그러나 이다스도 물러서지 않고 감히 아폴로와 맞서 싸우려 하였다. 제우스가 중재하여 마르페사에게 원하는 대로 선택해 보라고 하였다. 마르페사는 인간인 이다스를 선택했다. 그것은 신은 그녀에게 충실하지 않을 것이라는 생각에서였다.
36) Marpessa. 에베노스의 딸이며 이다스의 아내.
37) Pleuron. 아이톨리아 지방의 고대 도시. 신화 속의 플레우론은 레다의 고조부이자 칼리돈의 형제. 아이톨로스와 프로노에 사이의 아들. 아이톨리아의 도시 플레우론의 명조상인 그는 도로스의 딸 크산티페와 결혼함으로써 아이톨리아 족과 도리스 족을 인척간으로 만듦. 크산티페와 사이에서 아게노르, 스테로페, 스트라토니케, 라오폰테 등 여러 자식들을 둠.
38) Hebros. 트라케에 있는 강. 디오니소스 신의 숭배에 자주 인용됨.
39) Urania. 뮤즈의 하나로서 천문의 여신. 아프로디테 신의 별명이기도 함.

멋진 찬가가 기득 울려 퍼지는 황금배를 피에리아40)에서 저에게 보낸다 해도
저는 지금 당신을 노래할 수 없습니다.
당신의 눈부신 신전 곁에서 델포이의 무희들이 소리 높여 부르던
파에안41)의 꽃을 따라 당신이 오시기 전에는,
우리는 불 타 폐허가 된 오이칼리아42)의 도시를 빠져나간
용감한 헤라클레스를 노래하겠습니다.

두려운 전쟁의 신이 데이아네이라43)를 위해
피를 부르는 가공할 무기를 만들고 있을 때
그는 파도에 씻기고 있는 그 곳에 도착했습니다.
그곳에서 그는 아홉 마리의 슬프게 우는 황소를 희생하여,
바닷물을 들어 땅을 벌주는 바다의 신과 형제이며
광대한 구름을 거느리는 제우스 신에게 바치고,
멍에를 쓴 적이 없는 뿔이 큰 황소 한 마리를
강렬한 눈매를 가진 정결한 아테네 신에게 바쳤습니다.

데이아네이라는 용감한 헤라클레스가
눈처럼 흰 이올레를 신부로 삼기 위해
그의 빛나는 방에 이끌리어 온다는 슬픈 소식을 알았습니다.
오, 불운한 어리석은 아내여, 왜 그런 재앙을 음모했던가!
에베노스44)의 꽃피는 강둑 위에서
켄타우로스 네소스45)로부터 운명의 저주받은 선물을 받은 그날,

---

40) Pieria. 뮤즈의 고향. 트라케 지방으로 뮤즈가 처음 숭배된 곳임.
41) Paean. 신에게 바치는 기도나 기쁨 또는 승리를 노래한 합창용 서정시. 신들의 의사 파에안으로 가장한 아폴론에게 이 노래를 바친 데서 시작됨. 그리스 인들은 아폴론 축제와 공개 장례식 때 떠들썩한 디오니소스 찬가가 끝난 뒤 이어지는 잔치에서 파에안을 불렀음.
42) Oichalia. 에우보이아의 도시.
43) Deianeira. 에우리토스 왕의 딸로 헤라클레스가 결혼하기 위해 찾은 미인.
44) Evenos. 딸 마르페사를 납치당한 에베노스의 이름을 따서 지은 아이톨리아의 강. 에베노스는 딸을 구할 수 없자 강물에 몸을 던져 죽는다.
45) Nessos. 헤라클레스의 아내인 데이아네이라를 유혹하려다 헤라클레스의 화살에 죽은 켄타우로스. 네소스는 죽으면서 데이아네이라에게 자신의 피를 받아놓으면

잔인한 질투심이 그녀를 미래의 검은 베일 속으로 내몰았던 것입니다.

평화

위대한 평화만이
인간에게 행복을 가져다주고,
달콤한 목소리의 노래가 가득 퍼지게 하고,
황소의 넓적다리와 털북숭이 양을 조각 장식 제단 위에서 태워
신에게 바치게 하네.
그리고 젊은이들에게는 레슬링과 플루트,
디오니소스 춤을 즐기게 하네.

쇠를 입힌 방패에는
갈색 거미가 집을 매어 다네.
날카로운 창과 양날을 가진 칼에는 녹이 슬어
얇은 조각으로 떨어져 나가네.
행군을 알리는 트럼펫의 시끄러운 소리는 사라졌고
달콤한 새벽잠은 우리의 눈까풀에 남아 있네.
거리는 즐거운 잔치로 떠들썩하고
아이들이 부르는 사랑스런 송가는 불꽃처럼
투명한 공기 속으로 올라가네.

더욱 매력적으로 되어 헤라클레스가 다른 여자를 사랑하지 않게 된다고 말한다. 데이아네이라는 네소스의 피를 묻힌 옷을 사랑의 미약으로 생각하고 헤라클레스에게 보내고, 그 옷을 입은 헤라클레스는 불에 지져지는 고통을 받는다. 데이아네이라는 이 소식을 듣고 자살한다. 죽지 않고 돌아온 헤라클레스도 장작더미에 불을 붙여 자살한다.

바킬리데스(Bakchylides)

서풍

에우데모스46)는 그의 농장에 사원을 지어
고마운 미풍인 제피르47)에게 바쳤는데,
그가 기도를 하면,
곧 바람이 일어나서
추수더미에서 좋은 밀알을 고르도록 도왔네.

---

46) Eudemos. 익명.
47) Zephyr. 서풍의 신의 이름이나 단순히 서풍을 지칭함.

프락실라(Praxilla)

BC 450년경 아르골리드의 시키온에서 활동한 여류시인이다. 찬가와 권주가를 썼다고 전해진다. 단순한 사물들에 대한 사랑은 그리스의 다른 시인들에게서 볼 수 없는 것이다. "프락실라 시 속의 아도니스보다 바보 같은"이라는 속담이 전해진다.

프락실라의 청동상이 리시포스에 의해 만들어졌네. 비록 그녀가 시에서 당치않은 말을 하기는 했지만.
　　　　　　　　타티안(Tatian), <Against the Greeks>

외관

창을 통해 밖을 바라보는
사랑스러운 외모의 처녀여,
너의 얼굴은 처녀인데
너의 하반신은 유부녀이구나.

교우

친구여, 아드메토스[1]가 한 말을 기억하게.
고귀한 사람과 사귀고
불한당하고는 멀리하게.
그들은 거의 감사하지 않는다네.

감각적 세계[2]

내가 뒤에 남기고 온 것 중
가장 아름다운 것은 햇빛이네.
다음으로 빛나는 별, 달의 얼굴,
그리고 익은 사과, 오이, 배이네.

---

1) Admetus. 테살리아 지방 테라이의 왕.
2) 지하세계에 간 아도니스가 하는 비탄임.

겁쟁이

친구여, 내 경고하거니
그 침에 찔리지 않으려면 조심하게.
모든 바위 밑에는 전갈이 잠복해 있다네.
우리는 모든 종류의 덫의 징조를 볼 수는 없다네.

플라톤(Platon)

BC 429년경 아테네에서 태어나 BC 347년에 죽었다. 소크라테스의 제자이며 뒷날 아카데미의 설립자로서 서양 철학의 아버지로 불린다. 만약 그의 작품으로 추측되는 풍자시들이 진짜 플라톤의 것이라면, 그의 저작 <파이드로스>와 <심포지온>은 연애 풍자시와 철학적 작품들 사이의 정신적 중계 역할을 한다. <헤스페로스>는 플라톤의 최고의 시로 꼽히며 영국 시인 셸리에 의해 시 <아도네이스>에 인용되었다.

플라톤은 아틱 스타일을 가장 완벽하게 구사하였고, 그리스 문학에서 그보다 위대한 목소리를 가진 사람은 없다. 영감을 받은 그는 신과 하늘을 바라보며 윤리와 인생을 명상한 최초의 사람이다. 그는 피타고라스의 고도의 사유와 소크라테스의 예리한 정신을 결합하면서도 그들의 엄숙한 차이를 보여주는 아름다운 기념물이다.

미상, <팔라티네 선집>

헤스페로스[1]

너는 살아있는 사람들에게는
새벽별이었고
죽어서는 저녁별이 되어
죽은 자들을 비추는구나.

사랑의 눈맞춤

내 자식, 스타르[2]야,
너는 별들을 바라보고 있구나
내가 창공이라면
많은 눈으로 너를 바라보고 싶구나.

사과

나는 사과입니다.
당신을 사랑하는 사람이
나를 당신 앞에 놓습니다.
사랑스런 크산티페[3]여,
그에게 양보하십시오.
당신도 나도 서서히 시들어 갑니다.

---

1) Hesperos. 아틀라스의 아들 또는 동생으로 저녁별이 됨.
2) Star. 익명
3) Xanthippe. 소크라테스의 아내. 잔소리가 심한 여자로 전해짐.

아카데미4)로부터의 교훈

나는 그대 앞에 사과를 던집니다.
그것을 잡으십시오.
그리고 그대가 나를 진실로 사랑한다면
그대의 순결을 나에게 주십시오.

그러나 그대가 나를 사랑하지 않을 거라면
그 사과를 움켜쥐고
그 아름다움이 얼마나 지속하는지 생각해 보십시오.

소크라테스가 그의 연인에게

내가 아가톤5)에게 키스했을 때
내 마음은 입술까지 부풀어 올랐네.
마음은 거기 가엾게 매달려
입술을 뛰어넘으려 꿈꾸고 있네.

---

4) 아테네 근처의 올리브 숲으로서 영웅 아카데모스(Academos)에게 바쳐짐. 플라톤과 그의 후계자들이 아카데미를 만들어 교육하였음.
5) Agathon. 익명

사랑하는 알렉시스[6]

알렉시스가 멋지다고 드러내 놓고 말해버렸더니
바람기 많은 개들이 그를 보고 모두 눈알을 굴리네.
아뿔싸, 왜 개들에게 뼈다귀를 보여줬던가?
알렉시스를 잃고 곧 고통에 빠질 것만 같네.

소크라테스가 아르케나사[7]에게

콜로폰[8]에서 온 나의 여자 친구 아르케나사는
괴로운 사랑의 상처로 주름져 있네.
고통과 두려움이여,
그녀는 첫 번째 여행 도중 멋진 젊은이를 사랑하여
타는 불 속을 지나왔다네.

창부 레이스[9]

나 레이스는 그리스를 경멸적으로 비웃으며
문전에 많은 연인들을 들끓게 했네.
나는 이제 거울을 아프로디테에게 주려 하네.
왜냐하면 나는 현재의 내 모습을 보기도 싫고
과거의 내 모습을 다시는 볼 수 없기 때문이네.

---

6) Alexis. 익명
7) Archeanassa. 소크라테스의 여자 친구.
8) Kolophon. 소아시아 이오니아 지방의 도시로 호메로스의 출생지로 알려짐.
9) Lais. 코린트 지방의 유명한 창부로서 매우 아름다웠다고 전해짐.

시간 1

시간은 모든 것을 실어 나르네.
세월을 끌고 가며
이름과 형상, 본성과 운명조차 변화시키네.

시간 2

시간은 모든 것을 실어 나르네.
세월을 끌고 가며
이름과 형상, 본성과 운명조차 변화시키네.

평등

나는 선원의 무덤이네.
곁에는 농부의 무덤이 있네.
땅이건 바다건 지하세계는 똑같네.

소나무 숲

서풍에 가지를 흔들며 소리 내는 소나무의
긴 바늘잎 아래 앉으면
강가의 요란한 목동의 피리소리는
졸린 눈까풀 위에 깊은 잠을 퍼붓네.

판10)

드리아드스11)의 초록빛 절벽도 조용히 하라.
바위틈에서 솟아나는 샘도,
암양의 어지럽고 시끄러운 울음도 그쳐라.
판이 감미롭게 피리를 불고 있다.
그의 부드러운 입술이 갈대 피리를 스치면
그를 에워싼 물의 요정과 참나무 숲의 요정들이
모두 일어나서 즐거운 발끝으로 춤을 추네.

메디아12)에 정착함

한때는 에게 해의 고동치는 파도 소리를 들었건만
지금은 에크바타나13)의 평원에 누워 있네.
한때 우리의 조국이었던
에레트리아14)여, 안녕.
한때 우리의 이웃이었던 에우보이아15)여, 안녕.
그리고 사랑하는 바다여, 안녕!

---

10) Pan. 목동과 양의 신으로 염소의 뿔과 다리를 가짐.
11) Dryads. 나무의 요정.
12) Media. 페르시아의 북쪽 지방.
13) Ekbatana. 메디아의 수도.
14) Eretria. 에우리포스 해협 근방의 에우보이아의 수도. BC 490년 페르시아에 멸망함.
15) Euboia. 에게 해의 가장 큰 섬.

옮긴이 후기

　지금부터 2500년 이전에 쓰여진 고대 그리스 서정시를 읽다 보면 세계, 인간, 삶, 그리고 어떤 세계 내재적 이념이 시대와 장소를 넘어 반복되고 있음을 확인하게 된다. 현대인의 관점에서 보아도 고대 그리스 인의 시는 생생하고 새롭다. 그것은 고대 그리스 인들이 자신의 세계와 운명 속에서 정직하고 치열하게 온몸으로 부딪치며 사유하며 살아간 흔적이기 때문이다. 인간(몸)에 대한 아름다움의 자각과 사랑, 죽을 수밖에 없는 운명에 대한 사랑, 인간의 자유와 평등에 대한 존엄성(비록 자유인에게만 국한되지만), 그리스 인으로서의 자긍심을 가지고 긍정적으로 살았다. 그들은 죽음을 터부시하지 않았고 이승의 삶을 사랑했다. 또한, 그들은 예술을 사랑했으며 예술작품을 보는 심미안을 가졌다.
　고대 그리스 서정시의 주제는 주로 삶 속에서 마주치는 사건들, 솔직한 감정, 인생론, 신들을 세계 속으로 불러들이는 찬양 등이다. 이전의 서사시의 시대에 반해 시인 개성이 두드러지게 나타나고

'나', '지금', '여기' 등의 주체 의식이 뚜렷이 표현되게 된다. 개인 양식으로서의 서정시가 집단적으로 세계문학사에 본격적으로 등장하게 되었다. 서정시인들은 각자 고유한 개성적인 주제와 형식으로 시를 썼다.

여기에서는 아르킬로코스에서 플라톤에 이르는 BC 7세기에서 BC 4세기에 걸쳐 있는 헬레니즘 이전 시기의 대표적인 20명의 시인을 선택하여 소개하였다. 예수나 석가가 태어나기 오래 전에 서정시의 정신인 개인의 자각이 뚜렷이 나타나고 있었다는 점이 놀랍다.

고대 그리스 서정시는 2500여 년의 시차를 가진 현대의 한국시에 어떤 의미를 줄 수 있는가? 그것은 서정시가 필히 갖추어야 될 어떤 내재적 이념의 회복이 아닐까 한다. 이념은 세계와 인간의 심연 속에서 씨가 만들어지고 분화하며 표현되는 존재론적인 것이며 정신적인 것이다. 이념은 시대와 장소를 따라 다르게 차이를 가지고 반복된다. 따라서 이념은 시대와 문화, 예술 매체, 예술가에 따라 다르게 구현된다. 이념이 결여된 예술작품은 반복성과 생명성이 결여된 '속이 텅 빈 신체'일 뿐이다. '암에게 먹힌 죽은 신체'이다. 관념적 사변의 얇은 껍질 또는 치기어린 감정의 부유물에 불과하다.

새로운 예술 매체나 예술 형식은 새로운 이념을 생성할 수 있고, 역으로 새로운 이념은 새로운 예술 매체나 예술 형식을 창조할 수 있다. 예술가가 갖추어야 될 최소한의 조건이 있다면, 예술가가 존재 가치를 인정받을 만한 최소한의 덕목이 있다면, 그것은 시대의 더듬이로서 예술의 새로운 이념과 형식의 탐구일 것이다. 예술가는 이 양자가 생성되고 구현되는 심연의 카오스모스 자궁이다. 다소 진부하게 들리는 시정신이란 이 자궁의 통증에 다름 아닐 것이다.

현대시에서 이념의 중요성은 더욱 부각된다. 미술이나 음악, 춤, 영화 등 다른 예술 매체는 물질성을 가지고 있어서 그 물질성 자체만으로도 현존을 보증 받으며 감각적인 어떤 떨림을 줄 수 있는 데 비해, 시는 비물질적인 언어를 매체로 하여 감각적인 어떤 떨림을 주어야 하므로 보편적이고 객체적인 그래서 공감할 수 있는 이념의 물질화, 구체화 과정이 필수적이라 할 수 있다. 기실 시는 가장 다루기 쉬운 일상 언어를 사용하므로 가장 쉬운 예술 장르 같지만, 시가 되기 위해서 넘어야 할 비가시적 절대 문턱을 가지고 있으므로 가장 어려운 예술 장르이다. 시는 언어로서 언어를 탈영토화시키는 장르이다. 역설과 모순의 양식이다. 시는 언어로서 비언어를 창조하는 것이며, 비현존으로서 현존을 창조하는 것이다. 시는 시에 반하는 것이며, 시에 저항하는 것이며, 시로부터 가장 먼 곳으로부터 오는 것이다. 예술가와 광인이 백지장 차이이듯, 시와 사기도 백지장 차이이다. 그러나 예술가의 중얼거림과 광인의 중얼거림은 청각 상으로 동일할지라도 의미상으로 천지 차이이다. 광인은 시인이 아니다. 시인은 광인처럼 보일지라도 광인은 아니다. 시는 인간 정신의 극치이다. 정신과 신체의 중첩지대 또는 한계선에 존재한다. 시는 언어 이전에 보편적이고 객체적인 중얼거림으로 존재한다. 몸의 접힘과 펼침으로 차이를 표현하는 춤은 본질적으로 몸으로 쓴 시이다.

아마도 한국에서 각종 신문, 잡지, 출판사, 온라인 등을 통해 매년 탄생하는 시나 시인의 수는 전 세계에게 가장 많지 않을까

한다. 시도 시인도 희화화되어 있다. 상업주의적 양적 팽창은 필경 이면에 암의 증식을 불러오게 된다. 먼저 기성 문단의 권력과 지면을 차지한 시인들은 요로를 점유하고 신인들이나 지망생의 시를 가로채거나 표절하고 위장하고, 수많은 시인 지망생이나 신인 또한 시인이란 허명을 얻기 위해 수단방법을 가리지 않는다. 표절도 비문도 포스트모던 기법이라고 강변한다. 현대의 한국시는 언어 매체에 함축된 희비극의 극한치로 그대로 드러내 보여준다. 개성 없는 재현적인 시들이 무한 복제 양산되고 있다. 상부상조인지 상호복제인지 모를 풍조가 만연하고 있다. 시인은 웃지 않고는 서로를 바라볼 수 없다. 종이 소비량으로 시인의 역량을 측량하고, 시인의 지명도로 시의 질을 평가하려는 어떤 망령이 떠돌고 있다. 악화가 양화를 구축하고 있다. 너도 밤나무, 나도 밤나무 식의 시와 비평이 무차별적으로 증식되고 있는 것은 아닐까?

한국 현대시의 질적 상승을 위해서는 여러 방안이 있겠지만, 시인은 시에 심연의 이념을 회복시키는 것이 한 방편으로 제시될 수 있겠다. 시를 쓰고자 하는 자는 누구나, 고대 그리스 서정시처럼 앞으로 2500년 이후에도 깨어나 생생하게 활동하는 뱀파이어 신체로서의 시를 쓰고자 한다면, 많은 고통과 고민이 필요할 것이다. 뱀파이어는 죽어도 죽지 않는다. 재현되는 시들은 언어를 죽이지만 뱀파이어 시는 언어를 다시 살리고 구원한다. 그러므로 위대한 시인들은 시를 쓰지 않을 줄 아는 시인들이었다. 그들이 쓴 시는 침묵의 시공간 속에서 반복해서 살아나는 뱀파이어이다. 반복해서 살아나는 피다.

이 책은 2007년 월간 <현대시>에 1년 동안 연재했던 시들을 대폭 수정하고, 그때 누락된 시들을 추가 보충하여 모은 것이다. 여류시인 사포의 시는 1991년 <에게 해의 사랑>이라는 단행본으로 발행하여 연재하지 않았는데, 그 중 일부를 발췌해 다시 싣는다. 아쉽게도 현존하는 고대 그리스 서정시들이 온전한 작품으로 남아 전하는 것이 드물기 때문에 시인의 전모를 파악하기는 어렵지만 단편만으로도 그들의 탁월성을 충분히 짐작할 수 있다. 서정시의 본래 모습으로서 한국시의 발전에 조금이나마 도움이 되기를 희망한다.

   대학 시절 시를 공부할 때 서정시의 원류라는 고대 그리스 서정시를 읽고자 하였으나 고작 사포의 시 한두 편을 어디서 찾아 읽은 기억이 있다. 그 후 해외여행 중에 서점에 들러 우연히 고대 그리스 서정시선을 발견하고 매우 기뻤다. 스스로의 시 공부를 위하여 읽다가 다른 사람들도 함께 보면 좋겠다 싶어 번역을 결심하였다. 가능한 여러 판본들을 비교하여 정확히 번역하려 노력했으나 판본 사이에 큰 차이가 있는 경우 역자의 선택 기준과 판단에 따랐다. 그리스 어 원작에는 제목이 없지만 이해를 돕기 위하여 번역본에 있는 것을 사용하거나 시의 내용에 맞도록 다시 붙였다. 시행은 우리말 현대시의 리듬에 맞도록 다시 줄가름을 하였다. 그리스 고유명사의 발음 표기는 서구에서나 우리나라에서나 하나로 통일되어 있지 않으므로 선택하기 곤란한 문제였다. 기존에 관습적으로 알려진, 또는 우리에게 친숙해진 발음을 우선적으로 선택하였다. 또 하나의 어려운 선택은 시행이나 연의 손실된 부분을 처리하는 방식이었다. 의미 연결이 되지 않는 경우, 작품의 질을 유지하는 데 꼭 필요한 경우 등에 한해서만 최소한도로 말줄임표(……)를 넣어서, 시의 형태나 흐름이 깨지지 않도록 하였다. 또, 꼭 필요한 경우에 한해서 [ ] 안에 보충 시구를 채워 넣어 이해를 도왔다. 부족하고 부끄러운 점이 많으나 독자 여러분의 너그러운 양해와 질정을 바랄 뿐이다.

  끝으로, 귀중한 지면을 할애해서 고대 그리스 서정시를 처음 소개하는 기회를 준 <현대시>의 원구식 주간님과 이재훈 편집장님께 감사드린다.

20011. 4.
관악산 기슭에서 오자성

□ 참고 텍스트

1. *Greek Lylic.* Andrew M. Miller, Hackett Publishing Company, Inc, 1996

2. *Greek Lylic Poetry.* M. L. West, Oxford University Press, 1993

3. *Greek Lyric Poetry.* Willis Barnstone, Schocken Books, New York, 1972

4. *Greek Lylics.* Richmond Lattimore, The University of Chicago Press, 1960

5. *A Companion to the Greek Lylic Poets.* Douglas E. Gerber, Brill, 1997

6. *Griechische Lyrik.* Walter Marg, Philipp Reclam, 1983

7. *Sappho*(Muse des Äolischen Eresos). Stefanie Preiswerk, Insel Taschenbuch, 1990

8. *Sappho*(Strophen und Verse). Joachim Schickel, Insel Taschenbuch, 1978

9. *Pindar.* Eugen Dönt, Philipp Reclam, 1986

10. *The Odes*(Pindar). G. S. Conway, Richard Stoneman, Everyman, 1997

11. *The Odes of Pindar,* Alexander Falconer Murison, Gongmans, Green and Co, 1933